Distributed to the trade in the United States, Canada and Mexico by:

 1123 Dominguez Street, Unit K
Carson, CA 90746
FAX: (310) 604-1134

Distributed throughout the rest of the world by:
Nippon Shuppan Hanbai Inc.
3-4 Chome, Kandasurugadai, Chiyoda-ku
Tokyo 101, Japan
FAX: (03) 3233-1578

Publisher:

 1123 Dominguez Street, Unit K
Carson, CA 90746

Graphically Bold is a project of:

 Supon Design Group, Inc., International Book Division
1000 Connecticut Avenue, NW, Suite 415
Washington, DC 20036
USA

Printed in Hong Kong
ISBN 0-945814-24-0
Library of Congress Catalog Card Number 92-062885

ACKNOWLEDGMENTS

GRAPHICALLY BOLD

Project Director
Supon Phornirunlit

Communications Director
Wayne Kurie

Art Director and Editor
Supon Phornirunlit

Managing Editor
Wayne Kurie

Cover Designer
Dave Prescott

Book Designers
Richard Lee Heffner
Supon Phornirunlit

Writer
Linda Klinger

Supporting Staff
Andrew Berman
Dianne Cook
Andrew Dolan
Tony Wilkerson

Desktop Publishing
CompuPrint, Washington, D.C.

Production Management
Albion Publishing Group

TABLE OF CONTENTS

What makes an idea work? Are successful ideas actually offshoots of other ideas, which are based on a manipulation of the familiar? Originality, claim some, may be that which is unrecognizable, but grounded in what we already know. Or perhaps ideas truly are flashes of insight, and each idea directs its converts into territory not only unmapped, but also unencumbered by preconceived notions.

Graphically-inspired designs are both new and successfully renovated at the same time. They have been called non-traditional, but they harken back over 60 years. Perhaps they should be called tradition undergoing transformation. This style looks inventive each time it's presented. A method of illustration based on geometry is not a new idea. But it is the elegantly simple principle that guides the designer's hand in the creation of bold graphics.

We have gathered some of the most unique and current works in this book to serve a purpose: to demonstrate that a corporate visual need never be synonymous with "static," "dull" or "uninspired." The creation of this design style is surprisingly formulaic. The approach is generally the same — emphasizing lines that are definitive, visually stimulating and fat-free — but the concepts vary greatly.

Graphically Bold contains works that make extraordinary use of strokes and shadows. Consider a horse ranch, for example, that packs its name, trade and location into a simple, internationally recognizable symbol, or an investment company logo that portrays growth, product and environment by merely bending a set of parallel lines. We found some components similar enough to gather them together in sections and invite comparison. We called these four categories "Abstract," "Type," "Linear" and "Graphic." We then carefully screened the selections to include only those offering maximum communication with minimal eye-catching elements. The artwork which rose to the top took a time-tested style and personalized it for firms as different as ski resorts are from securities, and made each logo updated, assertive, and easy to comprehend. We think each piece included herein demonstrates a minor masterwork of condensation and informality, while maintaining the conventional visual components vital to every outstanding identity.

If bold design needs definition, it can be called angular, or spare. It is founded on shapes, and uses limited color and detail. It is the impetus for powerful images. This style underscores thoughts and concepts with a strong and determined hand. It shares some dramatic features with more moderate approaches, but flaunts distinct differences which become apparent during the design process. What it is not is timid. Regardless of its inclination, each solution shouts its message here, without reservations. It has a history. The forebearers of today's graphic style first put an adventurous pen to paper in the 1920s, a prosperous decade in Europe and America. This style should have been doomed with the lighthearted period it represented. But the late 1980s signaled the first signs of a rebirth of graphically-based images, which today have become especially popular in countries like Japan and the United States. Its successful revival may be a product of the 1990s' no-frills approach — a tendency to move away from excess. Or, perhaps it reflects our yearning for nostalgia and the relative safety of the tried and true. Regardless of why it's happening, bold graphics are now easily recognizable in many corporate identity elements, from business cards to signage. It blazed its own trail in this decade and created a loyal following, emulated by young college graduates and savvy, experienced designers alike. It is easily one of the styles that most embodies the end of this century.

The designers we've chosen emphasize their work's self-assured temperament. When confronted, it first speaks to an audience with confidence — demanding attention — then delivers its message. What corporation wouldn't want to link confidence to its image?

But it takes experience to master this style, which is one reason we chose to showcase it. Award-winning, graphic-based identities are often the product of many attempts at reduction-ism and simplification. It takes a careful hand to achieve this stripped-down approach — to avoid exposing bare elements and reveal classic functionality. It is concept with a personal footprint, a message with momentum, elegance with an exclamation point.

Not all graphic artists will choose to deliver their message with such a swagger. But some in this industry subscribe to the ancient notion that "fortune sides with him who dares." Renowned commercial artist John Sayles is more forthright: "Clients usually hire designers because they're trying to sell something. And to sell something, you have to first get their attention. Some say you can be heard by whispering. I say, you gotta yell."

Supon Phornirunlit is owner of Supon Design Group, Inc., where he serves as creative director, and art director. He founded the company in 1988, and since, he and his design team have earned over 240 awards, including recognition from every major national design competition. His studio's work has appeared in publications such as *Graphis, Communication Arts, Print, Studio* and *How*. Currently, Supon is on the board of directors of the Art Directors' Club of Metropolitan Washington and is project director of the International Logos & Trademarks awards competition. Supon and SDG have been featured in *How* magazine and the American Institute of Graphic Arts' (AIGA) *Journal*, as well as in the Asian magazine *Media Delite*. He has appeared on cable television's "Alexandria Journal" program, and was a guest on Asian radio. He regularly speaks at various organizations and schools.

The following selection of logos invites you to consider "graphic" as in "pictographic" —

illustrative, modern, often emotion-filled pictures that do wondrous things with simple agents.

Consider the multitude of ways to depict a horse using an aggressive approach and restricted

detail. These trademarks use beautifully rendered drawings and identifiable attributes, items,

or fantasies to construct their messages.

This is the place where softer edges and rounder corners will be encountered. A collection

that presents a virtual banquet for the eyes.

HALL of FAME

CLIENT: DAIEI CORPORATION **DESIGN FIRM:** STUDIO SEIREENI **ART DIRECTORS:** RICHARD SEIREENI, SY CHEN **DESIGNER:** ROMANE CAMERON **ILLUSTRATOR:** TIM CLARK

1

THE *TOUCH* DOWN BAR

2

3

THE
CADDIE SHACK

4

1 **CLIENT:** MILTON BRADLEY   **DESIGN FIRM:** SIBLEY/PETEET DESIGN   **ART DIRECTORS:** JOHN EVANS, NAN FINKENAUR   **DESIGNER:** JOHN EVANS

2-4 **CLIENT:** DAIEI CORPORATION   **DESIGN FIRM:** STUDIO SEIREENI   **ART DIRECTORS:** RICHARD SEIREENI, SY CHEN   **DESIGNER:** ROMANE CAMERON   **ILLUSTRATOR:** TIM CLARK

CLIENT: ADVO   **DESIGN FIRM:** SBG PARTNERS   **ART DIRECTOR:** COURTNEY REESER   **DESIGNERS:** TOM MCNULTY, BEN WHEELER

1

2

3

4

1 **CLIENT:** DAIEI CORPORATION **DESIGN FIRM:** STUDIO SEIREENI **ART DIRECTORS:** RICHARD SEIREENI, SY CHEN **DESIGNER:** ROMANE CAMERON **ILLUSTRATOR:** TIM CLARK

2 **CLIENT:** NATIONAL TRAVELERS LIFE **DESIGN FIRM:** SAYLES GRAPHIC DESIGN **ART DIRECTOR:** JOHN SAYLES **DESIGNER:** JOHN SAYLES

3 **CLIENT:** SUMMIT SALES **DESIGN FIRM:** SBG PARTNERS **ART DIRECTOR:** NICOLAS SIDJAKOV **DESIGNER:** THOMAS BOND

4 **CLIENT:** NORTHERN TELECOM & BUSINESS INCENTIVES, INC. **DESIGN FIRM:** GRANDPRÉ AND WHALEY, LTD. **ART DIRECTOR:** PAT WRIGHT **DESIGNER:** KEVIN WHALEY

1

2

1 **CLIENT:** SPAZIO INSTITUTE   **DESIGN FIRM:** CHARLES S. ANDERSON DESIGN COMPANY   **ART DIRECTOR:** CHARLES S. ANDERSON   **DESIGNER:** CHARLES S. ANDERSON
2 **CLIENT:** ABELL PEARSON PRINTING CO. INC.   **DESIGN FIRM:** GARDNER GRETEMAN MIKULECKY   **ART DIRECTOR:** SONIA GRETEMAN   **DESIGNER:** SONIA GRETEMAN

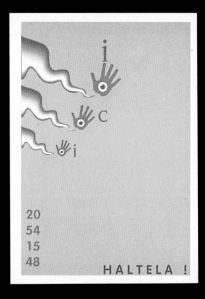

HALTELA !

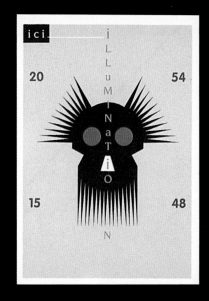

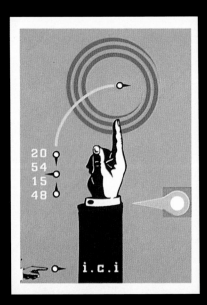

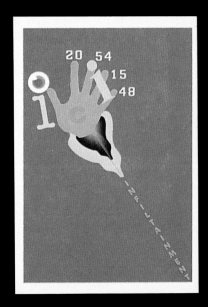

CLIENT: I COMME IMAGE   **DESIGN FIRM:** I COMME IMAGE   **ART DIRECTOR:** JEAN-JACQUES TACHDJIAN   **DESIGNER:** JEAN-JACQUES TACHDJIAN

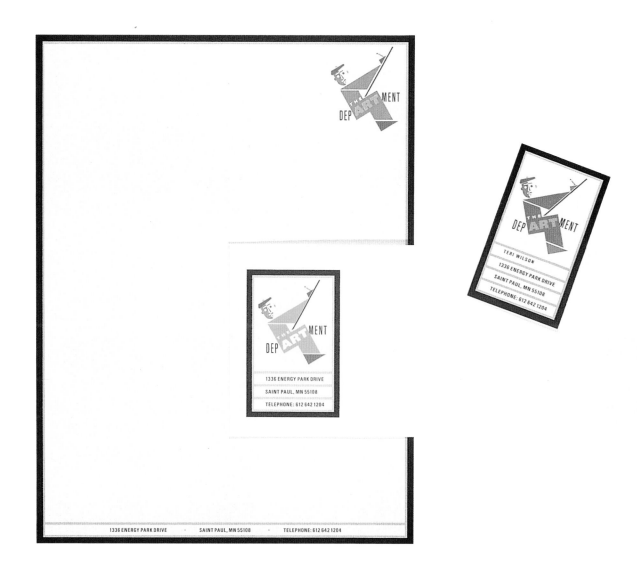

CLIENT: CHARGO PRINTING/THE ART DEPARTMENT   **DESIGN FIRM:** GRANDPRÉ AND WHALEY   **ART DIRECTOR:** KEVIN WHALEY   **DESIGNER:** KEVIN WHALEY

1

2

3

4

1 **CLIENT:** WATSON HAWKSLEY   **DESIGN FIRM:** TOR PETTERSEN & PARTNERS   **ART DIRECTORS:** DAVID BROWN, CLAIRE BARNETT   **DESIGNER:** CLAIRE BARNETT

2 **CLIENT:** NEXT   **DESIGN FIRM:** WOODS + WOODS   **ART DIRECTOR:** PAUL WOODS   **DESIGNER:** PAUL WOODS

3 **CLIENT:** MARKET STREET ART-IN-TRANSIT   **DESIGN FIRM:** EARL GEE DESIGN   **ART DIRECTOR:** EARL GEE   **DESIGNERS:** EARL GEE, FANI CHUNG   **ILLUSTRATOR:** EARL GEE

4 **CLIENT:** ADOBE   **DESIGN FIRM:** WOODS + WOODS   **ART DIRECTOR:** PAUL WOODS   **DESIGNER:** PAUL WOODS

CLIENT: AG COMMUNICATION SYSTEMS   **DESIGN FIRM:** AG COMMUNICATION SYSTEMS DESIGN GROUP   **ART DIRECTOR:** JEFFREY MOSS   **DESIGNER:** JEFFREY MOSS

1

2

3

4

1 **CLIENT:** WIENIE WAGON DELI **DESIGN FIRM:** SAYLES GRAPHIC DESIGN **ART DIRECTOR:** JOHN SAYLES **DESIGNER:** JOHN SAYLES

2 **CLIENT:** IOWA HEALTH RESEARCH INSTITUTE **DESIGN FIRM:** SAYLES GRAPHIC DESIGN **ART DIRECTOR:** JOHN SAYLES **DESIGNER:** JOHN SAYLES

3 **CLIENT:** ART TO WEAR **DESIGN FIRM:** SAYLES GRAPHIC DESIGN **ART DIRECTOR:** JOHN SAYLES **DESIGNER:** JOHN SAYLES

4 **CLIENT:** DOROTHY ANDERSON **DESIGN FIRM:** SAYLES GRAPHIC DESIGN **ART DIRECTOR:** JOHN SAYLES **DESIGNER:** JOHN SAYLES

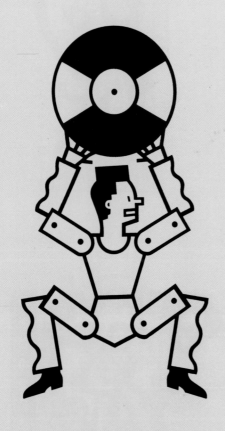

1

2

1 **CLIENT:** JUMP ST. **DESIGN FIRM:** STEVEN GUARNACCIA **ART DIRECTOR:** STEVEN GUARNACCIA **DESIGNER:** STEVEN GUARNACCIA

2 **CLIENT:** POLYGRAM SPECIAL PRODUCTS **DESIGN FIRM:** POLYGRAM RECORDS **ART DIRECTOR:** MICHAEL BAYS **DESIGNER:** ALLI **CREATIVE DIRECTOR:** MICHAEL BAYS

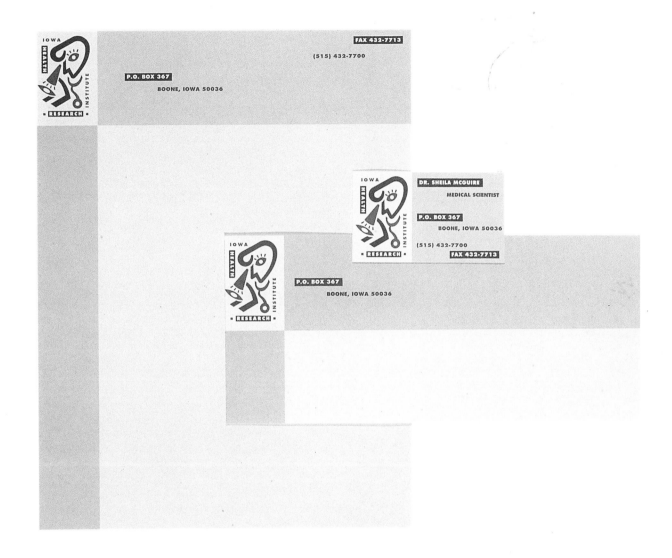

CLIENT: IOWA HEALTH RESEARCH INSTITUTE   **DESIGN FIRM:** SAYLES GRAPHIC DESIGN   **ART DIRECTOR:** JOHN SAYLES   **DESIGNER:** JOHN SAYLES

Courtyard Collection

Courtyard Collection

540 Ramona Street
Palo Alto, CA 94301

540 Ramona Street, Palo Alto, CA 94301   415.327.3131

1

2

3

Ko Olina

4

1 **CLIENT:** MANTZ & ASSOC./AEROCORP.   **DESIGN FIRM:** SIBLEY/PETEET DESIGN   **ART DIRECTOR:** REX PETEET   **DESIGNER:** REX PETEET/TOM HOUGH

2 **CLIENT:** GERMAN WINE INFORMATION BUREAU   **DESIGN FIRM:** TKA DESIGN / T.A.L.K. INC.   **ART DIRECTOR:** GIULIO TURTURRO   **DESIGNER:** GIULIO TURTURRO

3 **CLIENT:** AMERICAN GUIDANCE SYSTEMS   **DESIGN FIRM:** DESIGN CENTER   **ART DIRECTOR:** JOHN C. REGER   **DESIGNER:** RICHARD STANLEY

4 **CLIENT:** KO OLINA GOLF CLUB   **DESIGN FIRM:** UCI   **ART DIRECTOR:** RYO URANO

MICHAEL D. ZORN

3613 MEXICO STREET
PITTSBURGH, PA 15212
PHONE: 412/761-4228
FAX: 412/761-4135

1   2   3

1 **CLIENT:** IRON JOHN MANAGEMENT   **DESIGN FIRM:** STUDIO WITHOUT WALLS   **ART DIRECTOR:** R & R / STUDIO WITHOUT WALLS   **DESIGNER:** FLY
2 **CLIENT:** ZORN DESIGN   **DESIGN FIRM:** ZORN DESIGN   **ART DIRECTOR:** MICHAEL ZORN   **DESIGNER:** MICHAEL ZORN
3 **CLIENT:** MARY ANDERSON   **DESIGN FIRM:** MORRIS DESIGN, LTD.   **ART DIRECTOR:** TERRI KMAN   **CREATIVE DIRECTOR:** STEVE MORRIS

Ridgley Curry & Associates

○

87 E. Green Street
Suite 309, Pasadena
California 91105

818.564.1215
FaxModem: 818.564.8554
Applelink: D5413

Ridgley Curry & Associates

○

87 E. Green Street
Suite 309, Pasadena
California 91105

Ridgley Curry & Associates

Clarence Agatep
Art Director

○

87 E. Green Street
Suite 309, Pasadena
California 91105

818.564.1215
FaxModem: 818.564.8554
Applelink: D5413

1

2

1 **CLIENT:** PECCARY KING PRODUCTIONS   **DESIGN FIRM:** BOELTS BROTHERS DESIGN   **ART DIRECTORS:** JACKSON BOELTS, ERIC BOELTS   **DESIGNER:** RICK BOELTS
2 **CLIENT:** LUCKY DOG MUSIC   **DESIGN FIRM:** STEVEN GUARNACCIA   **ART DIRECTOR:** STEVEN GUARNACCIA   **DESIGNER:** STEVEN GUARNACCIA

CLIENT: CHICAGO DOG & DELI   **DESIGN FIRM:** SAYLES GRAPHIC DESIGN, INC.   **ART DIRECTOR:** JOHN SAYLES   **DESIGNER:** JOHN SAYLES

1 **CLIENT:** BUCK PRINTING **DESIGN FIRM:** KEOHAN & HANNON ASSOC. **ART DIRECTOR:** BILL HANNON **DESIGNERS:** BILL HANNON, LEE DOLIBER

2 **CLIENT:** L. RAMSTONE **DESIGN FIRM:** VAUGHN/WEDEEN CREATIVE **ART DIRECTOR:** STEVE WEDEEN **DESIGNER:** STEVE WEDEEN

CLIENT: CENTRAL LIFE ASSURANCE   **DESIGN FIRM:** SAYLES GRAPHIC DESIGN   **ART DIRECTOR:** JOHN SAYLES   **DESIGNER:** JOHN SAYLES

CLIENT: NATIONAL WILDLIFE FEDERATION   **DESIGN FIRM:** FUREY DESIGN   **ART DIRECTOR:** KATHLEEN FUREY   **DESIGNER:** KATHLEEN FUREY

SEVEN SEAS

1

2

EDGE MOOR

FISH HATCHERY

3

4

1 **CLIENT:** BROOKFIELD ZOO **DESIGN FIRM:** BROOKFIELD ZOO **ART DIRECTOR:** HANNAH JENNINGS **DESIGNER:** CATHY PAWLOWSKI

2 **CLIENT:** GOTCHA SPORTSWEAR **DESIGN FIRM:** VIGON SEIREENI **ART DIRECTOR:** JAY VIGON, RICK SEIREENI **DESIGNER:** JAY VIGON

3 **CLIENT:** EDGE MOOR FISH HATCHERY **DESIGN FIRM:** DELMARVA POWER **ART DIRECTOR:** CHRISTY MACINTYRE **DESIGNER:** JOHN ALFRED **ILLUSTRATOR:** JOHN ALFRED

4 **CLIENT:** INTEGRATED RESOURCES **DESIGN FIRM:** CAFFE GRECO DESIGN **ART DIRECTOR:** JEANNE GRECO **DESIGNER:** JEANNE GRECO

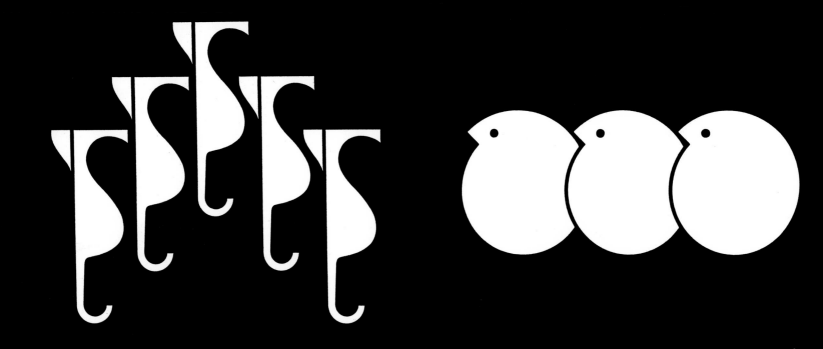

1   **CLIENT:** RESTAURANG SJÖHÄSTEN   **DESIGN FIRM:** STUDIO BUBBLAN   **ART DIRECTOR:** JEANETTE PALMQUIST   **DESIGNER:** KAN PALMQUIST

2   **CLIENT:** POULTRY FARM, PTUJ, COMPETITION PR.   **DESIGN FIRM:** KROG   **ART DIRECTOR:** EDI BERK   **DESIGNER:** EDI BERK

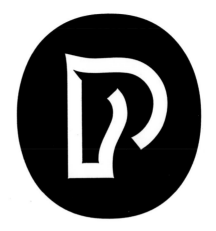

1

2

ACART

3

4

1 **CLIENT:** STANDFORD HOTEL   **DESIGN FIRM:** KAN TAI-KEUNG DESIGN & ASSOCIATES LTD.   **ART DIRECTORS:** KAN TAI-KEUNG, EDDY YU CHI KONG   **DESIGNER:** YU CHI KONG
CREATIVE DIRECTOR: KAN TAI-KEUNG
2 **CLIENT:** JIM POWELL   **DESIGN FIRM:** RBMM   **ART DIRECTOR:** LUIS D. ACEVEDO   **DESIGNER:** LUIS D. ACEVEDO
3 **CLIENT:** ACART GRAPHIC SERVICES   **DESIGN FIRM:** ACART GRAPHIC SERVICES   **ART DIRECTOR:** JOHN STARESINIC   **DESIGNER:** ALINE DUBOIS-BELLEY   **ILLUSTRATOR:** ROSS GERVAIS
4 **CLIENT:** COMANCHE CANYON HORSE RANCH   **DESIGN FIRM:** THE WELLER INSTITUTE FOR THE CURE OF DESIGN, INC.   **ART DIRECTOR:** DON WELLER   **DESIGNER:** DON WELLER

1

2

1 **CLIENT:** WAYNE TOUPS **DESIGN FIRM:** POLYGRAM RECORDS **ART DIRECTOR:** MICHAEL BAYS **DESIGNER:** MIKE KLOTZ **CREATIVE DIRECTOR:** MICHAEL BAYS
2 **CLIENT:** TUCSON/PIMA ARTS COUNCIL **DESIGN FIRM:** BOELTS BROS. DESIGN **ART DIRECTORS:** JACKSON BOELTS, ERIC BOELTS **DESIGNERS:** ERIC BOELTS, JACKSON BOELTS

CLIENT: JACKSON YU   **DESIGN FIRM:** KAN TAI-KEUNG DESIGN & ASSOCIATES LTD.   **ART DIRECTORS:** KAN TAI-KEUNG, EDDY YU CHI KONG   **DESIGNER:** EDDY YU CHI KONG
CREATIVE DIRECTOR: KAN TAI-KEUNG

CLIENT: LORENZO RISTORANTE ITALIANO **DESIGN FIRM:** KAN TAI-KEUNG DESIGN & ASSOCIATES LTD. **ART DIRECTOR:** FREEMAN LAU SIU-HONG **DESIGNER:** FREEMAN LAU SIU-HONG
CREATIVE DIRECTOR: KAN TAI-KEUNG **ILLUSTRATOR:** EDDY YU CHI KONG

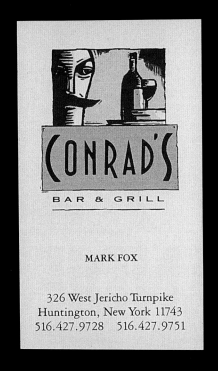

MARK FOX

326 West Jericho Turnpike
Huntington, New York 11743
516.427.9728   516.427.9751

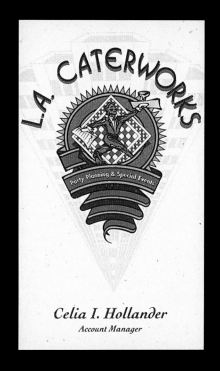

Celia I. Hollander
Account Manager

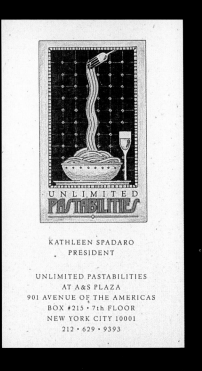

KATHLEEN SPADARO
PRESIDENT

UNLIMITED PASTABILITIES
AT A&S PLAZA
901 AVENUE OF THE AMERICAS
BOX #215 • 7th FLOOR
NEW YORK CITY 10001
212 • 629 • 9393

1   2   3

1 **CLIENT:** CONRAD'S BAR & GRILL, INC.   **DESIGN FIRM:** ADKINS/BALCHUNAS DESIGN   **ART DIRECTOR:** JERRY BALCHUNAS   **DESIGNER:** CAROL ADKINS   **ILLUSTRATOR:** JERRY BALCHUNAS

2   **CLIENT:** L.A. CATERWORKS   **DESIGN FIRM:** STUDIO WITHOUT WALLS   **ART DIRECTOR:** R & R/STUDIO WITHOUT WALLS   **DESIGNER:** FLY

3   **CLIENT:** UNLIMITED PASTABILITIES   **DESIGN FIRM:** ROBERT RUBINO   **ART DIRECTOR:** REGINA RUBINO   **DESIGNER:** ROBERT LOUEY

1

2

1 **CLIENT:** KNOPF CHILDREN'S BOOKS **DESIGN FIRM:** STEVEN GUARNACCIA **ART DIRECTOR:** DENISE CRONIN **DESIGNER:** STEVEN GUARNACCIA

2 **CLIENT:** CLARIS **DESIGN FIRM:** WOODS + WOODS **ART DIRECTOR:** PAUL WOODS **DESIGNER:** PAUL WOODS

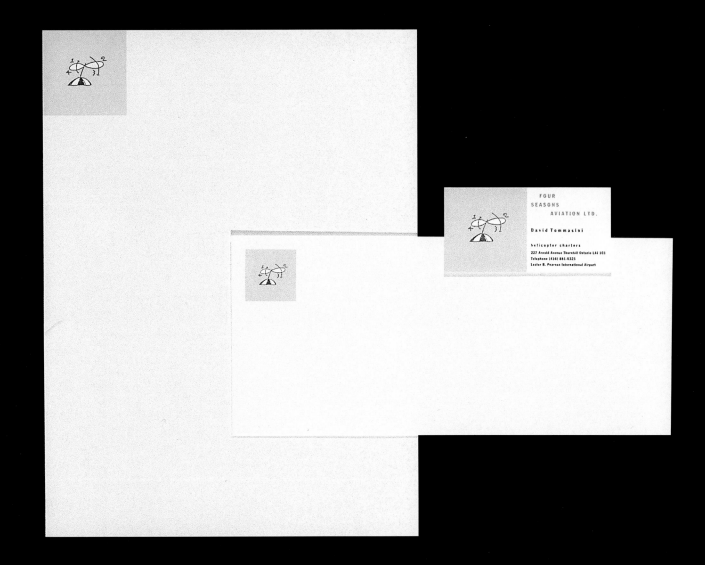

FOUR
SEASONS
AVIATION LTD.

David Tommasini

helicopter charters
227 Arnold Avenue Thornhill Ontario L4J 1C1
Telephone (416) 881-0323
Lester B. Pearson International Airport

CLIENT: FOUR SEASONS AVIATION   **DESIGN FIRM:** CONCRETE DESIGN COMMUNICATIONS INC.   **ART DIRECTORS:** DITI KATONA, JOHN PYLYPCZAK   **DESIGNER:** SUSAN MCINTEE

1

2

3

4

1 **CLIENT:** GIBRALTAR   **DESIGN FIRM:** SIBLEY/PETEET DESIGN   **ART DIRECTOR:** JOHN EVANS   **DESIGNER:** JOHN EVANS

2 **CLIENT:** PARAGON MORTGAGE   **DESIGN FIRM:** SHAWVER ASSOCIATES   **ART DIRECTOR:** MARK SHAWVER   **DESIGNER:** BRIAN KUEHN

3 **CLIENT:** EATON VANCE   **DESIGN FIRM:** GENEVA DESIGN   **ART DIRECTOR:** MARC SAWYER   **DESIGNERS:** MARC SAWYER, LINDY GIFFORD

4 **CLIENT:** PAGODAROMA   **DESIGN FIRM:** ALANCHERIL DESIGN   **ART DIRECTOR:** MAT ALANCHERIL

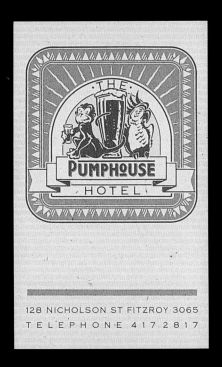

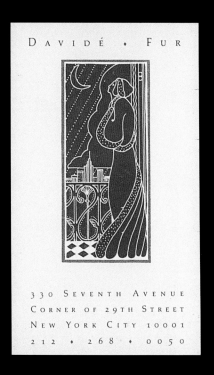

1   2   3

1 **CLIENT:** WESTERN REGIONAL GREEK CONFERENCE **DESIGN FIRM:** SAYLES GRAPHIC DESIGN **ART DIRECTOR:** JOHN SAYLES **DESIGNER:** JOHN SAYLES

2 **CLIENT:** THE PUMPHOUSE HOTEL **DESIGN FIRM:** COZZOLINO ELLETT DESIGN D'VISION **ART DIRECTOR:** MIMMO COZZOLINO **DESIGNER:** PHILIP ELLETT **ILLUSTRATOR:** GEOFF KELLY

3 **CLIENT:** DAVIDÉ FUR **DESIGN FIRM:** LOUEY/RUBINO DESIGN GROUP **ART DIRECTOR:** REGINA RUBINO **DESIGNER:** ROBERT LOUEY

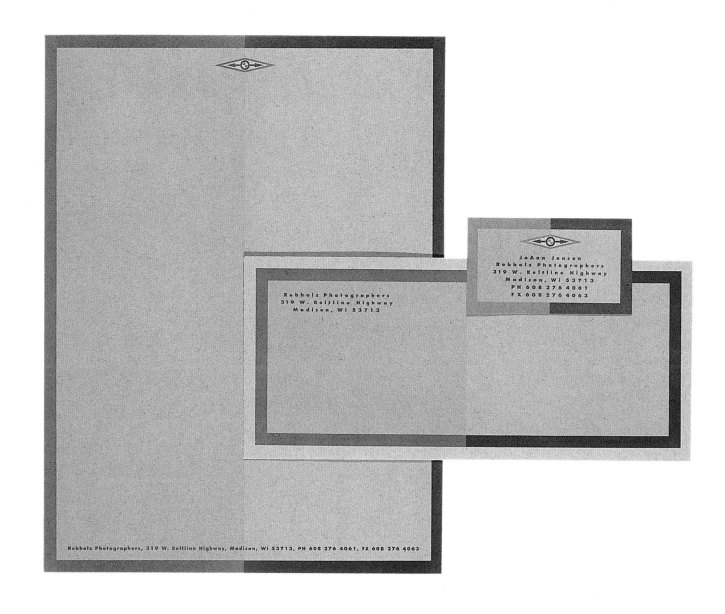

Rebholz Photographers
319 W. Beltline Highway
Madison, WI 53713

JoAnn Jensen
Rebholz Photographers
319 W. Beltline Highway
Madison, WI 53713
PH 608 276 4061
FX 608 276 4063

Rebholz Photographers, 319 W. Beltline Highway, Madison, WI 53713, PH 608 276 4061, FX 608 276 4063

CLIENT: REBHOLZ PHOTOGRAPHERS   **DESIGN FIRM:** PLANET DESIGN CO.   **ART DIRECTORS:** KEVIN WADE, DANA LYTLE   **DESIGNERS:** KEVIN WADE, TOM JENKINS

1

2

1 **CLIENT:** RICHARD LEE HEFFNER DESIGN   **DESIGN FIRM:** RICHARD LEE HEFFNER DESIGN   **ART DIRECTOR:** RICHARD LEE HEFFNER   **DESIGNER:** RICHARD LEE HEFFNER
2 **CLIENT:** FRESH ART/DEVER DESIGNS   **DESIGN FIRM:** DEVER DESIGNS   **ART DIRECTOR:** JEFFREY L. DEVER   **DESIGNER:** DOUGLAS DUNBEBIN

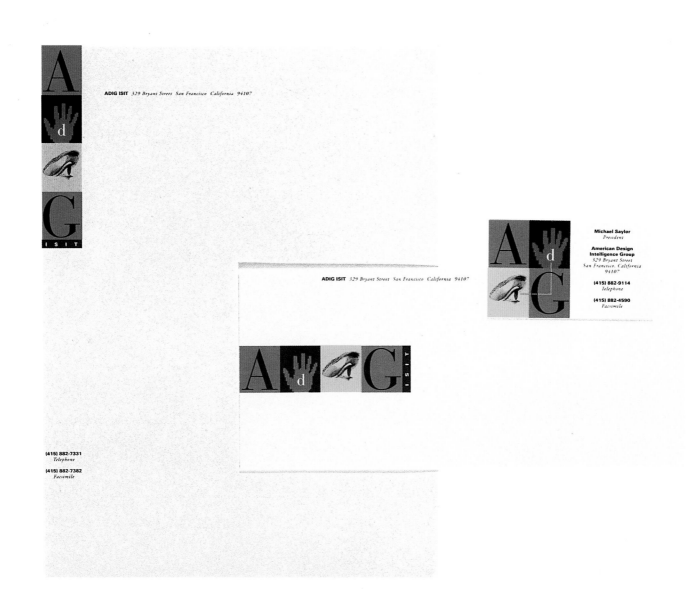

ADIG ISIT 329 Bryant Street San Francisco California 94107

Michael Saylor
President

American Design
Intelligence Group
329 Bryant Street
San Francisco, California
94107

(415) 882-9114
Telephone

(415) 882-4590
Facsimile

ADIG ISIT 329 Bryant Street San Francisco California 94107

(415) 882-7331
Telephone

(415) 882-7382
Facsimile

CLIENT: AMERICAN DESIGN INTELLIGENCE GROUP   **DESIGN FIRM:** BIELENBERG DESIGN   **ART DIRECTOR:** JOHN BIELENBERG   **DESIGNER:** JOHN BIELENBERG

The Black Point Group

Design Électronique

The Black Point Group

340 Townsend Street
Suite 420
San Francisco, CA 94107
FAX 415.243.8234

Gary W. Priester
Partner
Phone 415.243.9311

Design Électronique

The Black Point Group

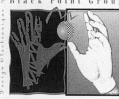

Design Électronique

340 Townsend Street

Suite 420

San Francisco,

CA 94107

THE BLACK POINT GROUP   **DESIGN FIRM:** THE BLACK POINT GROUP   **ART DIRECTOR:** GARY W. PRIESTER   **DESIGNERS:** GARY W. PRIESTER, MARY E. CAR

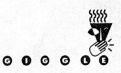

G I G G L E

ENGLAND

UNITED STATES

ITALY

THAILAND

JAPAN

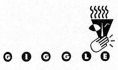

G I G G L E

EN

U

IT

TH

JA

MERCHANDISE OFFICE
834 SRI RAMA ROAD SUITE 920
BANGKOK, THAILAND

MERCHANDISE OFFICE
834 SRI RAMA ROAD . SUITE 920
BANGKOK, THAILAND
TEL: BKK 245.8604
FAX: BKK 245.9407

CLIENT: GIGGLE **DESIGN FIRM:** SUPON DESIGN GROUP **ART DIRECTOR:** SUPON PHORNIRUNLIT **DESIGNER:** RICHARD LEE HEFFNER

RICK THARP
HEAD DANDY MAN

THE DANDY CANDY MAN

Purveyor of Condommints

●

POST OFFICE BOX 2151

LOS GATOS, CA 95031

P H O N E · 408.378.5600

TELEFAX · 408.354.1450

ÉVÉNEMENTS
ET
ALIMENTS

GARE DU PALAIS
SUITE 104
QUÉBEC (QUÉBEC) G1K 3X2
418.522.01.33
FAX: 418.522.64.04

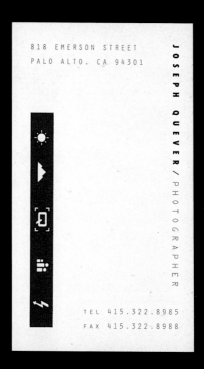

818 EMERSON STREET
PALO ALTO, CA 94301

JOSEPH QUEVER / PHOTOGRAPHER

TEL 415.322.8985

FAX 415.322.8988

1   2   3

1 **CLIENT:** THE DANDY CANDY MAN   **DESIGN FIRM:** THARP DID IT   **ART DIRECTOR:** RICK THARP   **DESIGNERS:** RICK THARP, KIM TOMLINSON

2 **CLIENT:** PAVILLON   **DESIGN FIRM:** RM COMMUNICATION DESIGN   **ART DIRECTOR:** MARIE RODRIQUE   **DESIGNER:** MARIE RODRIQUE

3 **CLIENT:** JOSEPH QUEVER PHOTOGRAPHY   **DESIGN FIRM:** RUSSELL LEONG DESIGN   **ART DIRECTOR:** RUSSELL LEONG   **DESIGNERS:** RUSSELL LEONG, PAM MATSUDA

1   2

1   **CLIENT:** PILGRIM AIRLINES   **DESIGN FIRM:** DEMARTINO DESIGN INC.   **ART DIRECTOR:** ERICK DEMARTINO   **DESIGNER:** ERICK DEMARTINO
2   **CLIENT:** THE HOUSE OF KWONG SANG HONG LTD.   **DESIGN FIRM:** KAN TAI-KEUNG DESIGN & ASSOCIATES LTD.   **ART DIRECTORS:** KAN TAI-KEUNG, EDDY YU CHI KONG
DESIGNER: EDDY YU CHI KONG

113 Arthur Avenue   Des Moines, Iowa 50313

113 Arthur Avenue   Des Moines, Iowa 50313

Ph. 515 · 243 · 4141   LOGO-*MOTIVE* Inc.   FAX 515 · 243 · 7228

1   2

1   **CLIENT:** TNT MUSIC GROUP (TAIWAN)   **DESIGN FIRM:** ALAN CHAN DESIGN CO.   **ART DIRECTOR:** ALAN CHAN   **DESIGNERS:** ALAN CHAN, ANDY IP
2   **CLIENT:** PSP/POLYGRAM SPECIAL PRODUCTS   **DESIGN FIRM:** POLYGRAM RECORDS   **ART DIRECTOR:** CHRIS THOMPSON   **DESIGNER:** GIULIO TURTURRO

-Saturday-
—School—
HERRON SCHOOL OF ART/IUPUI

Lance Baber, *Director*

1701 N. Pennsylvania St.

Indianapolis, IN 46202

(317) 923-3651

Established in 1902

-Saturday-
—School—
HERRON SCHOOL OF ART/IUPUI

1701 N. Pennsylvania St.

Indianapolis, IN 46202

Established in 1902

-Saturday-
—School—
HERRON SCHOOL OF ART/IUPUI

Lance Baber

Director

1701 N. Pennsylvania St.

Indianapolis, IN 46202

(317) 923-3651

Established in 1902

CLIENT: LANZA ADVERTISING PHOTOGRAPHY **DESIGN FIRM:** THIEL VISUAL DESIGN **ART DIRECTORS:** PETE TONN, SCOTT LANZA **DESIGNER:** PETE TONN

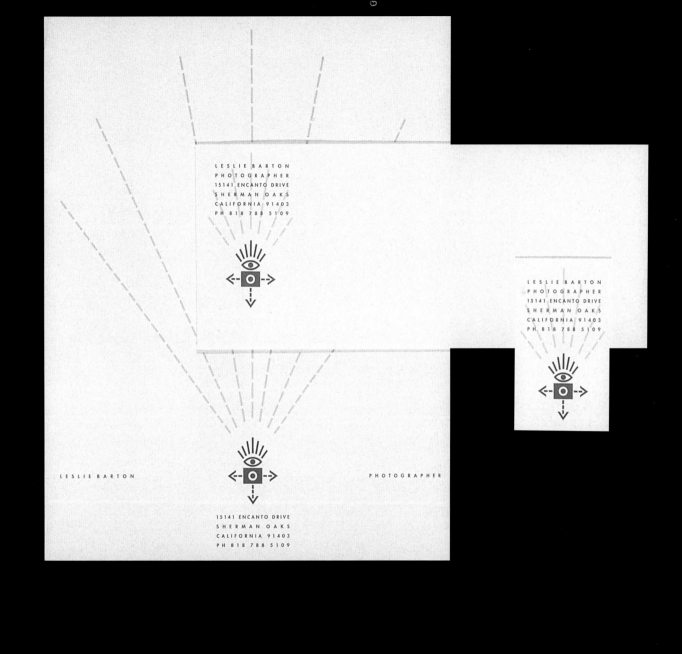

CLIENT: LESLIE BARTON PHOTOGRAPHY   **DESIGN FIRM:** PLANET DESIGN CO.   **ART DIRECTORS:** KEVIN WADE, DANA LYTLE   **DESIGNERS:** KEVIN WADE, TOM JENKINS

Dave Drake
President

One Glen Lakes Park, Suite 700
8140 Walnut Hill Lane
Dallas, TX 75231
214 750 6172 Fax 214 373 6854

Andrew Dickson
President

Custom Printers of Renfrew Ltd.
Box 415, 25 Argyle St. N.,
Renfrew, Ont. K7V 4A6
Tel. (613) 432-3633
Ott. 564-0156
Fax: 432-3634

Mark Ramsay
General Manager

PO Box 565 Byron Bay
NSW Australia 2481
Telephone + 61 (066) 88 4399

1

2

1 **CLIENT:** SOCCER UNITED   **DESIGN FIRM:** RBMM   **ART DIRECTORS:** HORACIO COBOS, STEVE MILLER   **DESIGNER:** HORACIO COBOS
USTOM PRINTERS OF RENFREW   **DESIGN FIRM:** 246 FIFTH DESIGN ASSOCIATES   **ART DIRECTOR:** TERRY LAURENZIO   **DESIGNERS:** TERRY LAURENZIO,
5 COMPANY   **DESIGN FIRM:** COZZOLINO/ELLETT DESIGN DIVISION   **ART DIRECTOR:** MIMMO COZZOLINO   **DESIGNER:** ANDREW HO

ZUMBO

MATT ZUMBO
ILLUSTRATION
2105 NORTH SUMMIT #201
MILWAUKEE, WI 53202
414 277 9541

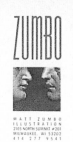

ZUMBO

MATT ZUMBO
ILLUSTRATION
2105 NORTH SUMMIT #201
MILWAUKEE, WI 53202
414 277 9541

ZUMBO

CLIENT: MATT ZUMBO ILLUSTRATION   **DESIGN FIRM:** THIEL VISUAL DESIGN   **ART DIRECTORS:** MATT ZUMBO, PETE TONN   **DESIGNER:** PETE TONN

CLIENT: AOPA'S AVIATION USA   **DESIGN FIRM:** BOELTS BROS. DESIGN   **ART DIRECTORS:** ERIC BOELTS, JACKSON BOELTS   **DESIGNERS:** JACKSON BOELTS, ERIC BOELTS, KERRY STRATFORD

WORLDWIDE · TIMELY · FOSSIL · WATCHES · TIME FLIES

CLIENT: OVERSEAS PRODUCTS INTERNATIONAL, INC. (FOSSIL WATCHES) **DESIGN FIRM:** CHARLES S. ANDERSON DESIGN COMPANY **ART DIRECTOR:** CHARLES S. ANDERSON
DESIGNER: HALEY JOHNSON **ILLUSTRATORS:** RANDALL DAHLK, HALEY JOHNSON

CLIENT: TERRA TECH LANDSCAPE CO.   **DESIGN FIRM:** SIBLEY/PETEET DESIGN   **ART DIRECTOR:** JOHN EVANS   **DESIGNER:** JOHN EVANS

CLIENT: U.S. WEST COMMUNICATIONS   **DESIGN FIRM:** VAUGHN/WEDEEN CREATIVE   **ART DIRECTOR:** STEVE WEDEEN   **DESIGNER:** STEVE WEDEEN

Patrick McGuire 108 N. 51 ST. SEATTLE, WA 98103 TEL 206 7812532 FAX 7827985
Public Relations Product Publicity Sales Promotion

TEL 206 **7812532**
FAX 7827985

Public Relations
Product Publicity
Sales Promotion

Patrick McGuire
108 N. 51 ST. SEATTLE, WA 98103

1

2

RANCHO
LA TIERRA

3

4

1 **CLIENT:** MEDIEVAL INN   **DESIGN FIRM:** RBMM   **ART DIRECTOR:** LUIS D. ACEVEDO   **DESIGNER:** LUIS D. ACEVEDO

2 **CLIENT:** GIBSON SHEAT SOLICITORS   **DESIGN FIRM:** COLIN SIMON DESIGN   **ART DIRECTOR:** COLIN SIMON   **DESIGNER:** COLIN SIMON

3 **CLIENT:** THE ANDEN GROUP   **DESIGN FIRM:** JANN CHURCH PARTNERS ADVERTISING & GRAPHIC DESIGN   **ART DIRECTORS:** JANN CHURCH, SHELLY BECK
DESIGNERS: JANN CHURCH, SHELLY BECK

4 **CLIENT:** MARINA PLACE MALL   **DESIGN FIRM:** SIBLEY/PETEET DESIGN   **ART DIRECTOR:** JULIA ALBANESI   **DESIGNER:** JULIA ALBANESI

Basic letters and numbers are the foundations of these images, but they're nothing like what you remember from the third grade. In graphically inspired design, components are not restricted to tradition. Wondering how to inject new life into a set of well-worn elements? We'll wager you've never seen ideas spelled this way before.

The bold solutions on these pages stack, turn, stretch, and pivot digits and alphabets in uncommon ways. What results can be mood-making, inspired, or contemporary, but always conducts its special meaning by surprising and elating.

CLIENT: FOUR IN HAND RESTAURANT   **DESIGN FIRM:** ANNETTE HARCUS DESIGN PTY. LTD.   **ART DIRECTORS:** ANNETTE HARCUS, TREVOR CRUMP   **ILLUSTRATORS:** MELINDA DUDLEY, ANNETTE HARCUS

CLIENT: THE AMERICAN MUSEUM OF NATURAL HISTORY, NEW YORK   **DESIGN FIRM:** LANCE WYMAN LTD.   **ART DIRECTOR:** LANCE WYMAN   **DESIGNERS:** LANCE WYMAN, DENISE GUERRA

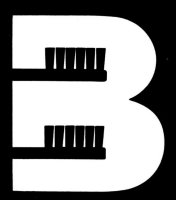

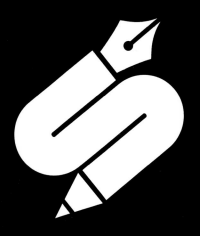

1

2

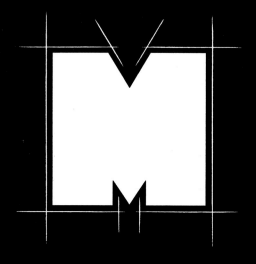

3

4

308 Eighth Street Des Moines, Iowa 50309 515-243-2922 Fax 243-0212

CLIENT: SAYLES GRAPHIC DESIGN   **DESIGN FIRM:** SAYLES GRAPHIC DESIGN   **ART DIRECTOR:** JOHN SAYLES   **DESIGNER:** JOHN SAYLES

PRINTCRAFT INCORPORATED

T.M.

CLIENT: PRINT CRAFT, INC.   **DESIGN FIRM:** CHARLES S. ANDERSON DESIGN COMPANY   **ART DIRECTORS:** CHARLES S. ANDERSON, DANIEL OLSON   **DESIGNER:** CHARLES S. ANDERSON

PRINT CRAFT, INC.

TEL. (612) 633-8122   *315 5TH AV. N.W.*   ST. PAUL, MN 55112

Fax (612) 633-1862

PRINT CRAFT, INC.
ST. PAUL,   *315 5TH AV. N.W.*   MN 55112

TOMMY MERICKEL
President

Tel. (612) 633-8122

Printed In U.S.A.

PRINT CRAFT, INC.
ST. PAUL,   *315 5TH AV. N.W.*   MN 55112

*T.M. Reg. U.S. Pat. Off. Printed In U.S.A.

CLIENT: PRINT CRAFT, INC.   **DESIGN FIRM:** CHARLES S. ANDERSON DESIGN COMPANY   **ART DIRECTORS:** CHARLES S. ANDERSON, DANIEL OLSON   **DESIGNER:** CHARLES S. ANDERSON

1

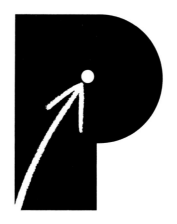

2

3

4

1 **CLIENT:** ATMOS ENERGY **DESIGN FIRM:** RBMM **ART DIRECTOR:** D.C. STIPP **DESIGNER:** D.C. STIPP

2 **CLIENT:** PATHOGENESIS **DESIGN FIRM:** PENTAGRAM DESIGN **ART DIRECTOR:** WOODY PIRTLE **DESIGNERS:** WOODY PIRTLE, JOHN KLOTNIA

3 **CLIENT:** JEWELLERY VASARA **DESIGN FIRM:** DOUGLAS DOOLITTLE DESIGN OFFICE **ART DIRECTOR:** DOUGLAS DOOLITTLE **DESIGNER:** DOUGLAS DOOLITTLE

4 **CLIENT:** ZEMIN INTERNATIONAL LTD. **DESIGN FIRM:** RUSHTON, GREEN AND GROSSUTTI INC. **ART DIRECTOR:** KEITH RUSHTON **DESIGNER:** MAUREEN NISHIKAWA

MILBRANDT
ARCHITECTS

MILBRANDT
ARCHITECTS

LEONARD J MILBRANDT, AIA

11715 S E FIFTH STREET

SUITE 100

BELLEVUE, WA

98005

206.454.7130

FAX 206.646.0945

MILBRANDT
ARCHITECTS

11715 S E FIFTH STREET

SUITE 100

BELLEVUE, WA

98005

11715 S E FIFTH STREET

SUITE 100

BELLEVUE, WA

98005

206.454.7130

FAX 206.646.0945

CLIENT: MILBRANDT ARCHITECTS   **DESIGN FIRM:** TEAM DESIGN   **ART DIRECTOR:** BOB GRINDELAND   **DESIGNER:** DAVID HASTINGS

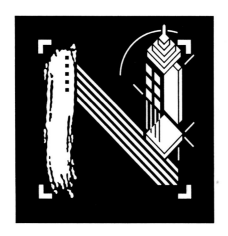

1

2

3

4

1   **CLIENT:** NORRIS PARTNERSHIP   **DESIGN FIRM:** COZZOLINO/ELLETT DESIGN D'VISION   **ART DIRECTOR:** PHILIP ELLETT   **DESIGNER:** PHILIP ELLETT
2   **CLIENT:** YATES ARCHITECTS   **DESIGN FIRM:** VAUGHN/WEDEEN CREATIVE   **ART DIRECTOR:** RICK VAUGHN   **DESIGNER:** LANA DYER
3   **CLIENT:** SUMMIT CONSTRUCTION   **DESIGN FIRM:** VAUGHN/WEDEEN CREATIVE   **ART DIRECTORS:** RICK VAUGHN, STEVE WEDEEN   **DESIGNERS:** RICK VAUGHN, STEVE WEDEEN
4   **CLIENT:** RYNCK AUTOMOTIVE SERVICE CENTERS   **DESIGN FIRM:** SHAWVER ASSOCIATES   **ART DIRECTOR:** MARK SHAWVER   **DESIGNERS:** BRIAN KUEHN, TERI SLATTERY

CLIENT: SCHAFFER'S BRIDAL AND FORMAL WEAR   DESIGN FIRM: SAYLES GRAPHIC DESIGN   ART DIRECTOR: JOHN SAYLES   DESIGNER: JOHN SAYLES

75

1

2

1 **CLIENT:** BORÅS ENERGI   **DESIGN FIRM:** STUDIO BUBBLAN   **ART DIRECTOR:** KARI PALMQUIST   **DESIGNER:** KARI PALMQUIST
2 **CLIENT:** QUEEN OF FASHION   **DESIGN FIRM:** SUPON DESIGN GROUP   **ART DIRECTOR:** SUPON PHORNIRUNLIT   **DESIGNER:** ANDREW DOLAN

NORRIS

Norris Partnership

(Aust) Pty Ltd

Inc. in Victoria

Architects

21 Swan Street

Richmond Victoria

Australia 3121

Tel (03) 429 8044

Fax (03) 429 5 458

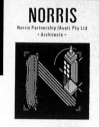

NORRIS

Norris Partnership (Aust) Pty Ltd
• Architects •

21 Swan St Richmond Vic Australia 3121
Tel (03) 429 8044 Fax (03) 429 5 458

NORRIS

Architects
21 Swan Street
Richmond Victoria
Australia 3121

DIRECTORS

Frank Baglieri
A.R.A.I.A

Bruce Young
A.R.A.I.A

John Patrick
B Arch., A.R.A.I.A.

Raf Jovanovic
F.R.A.I.A., M.A.I.B.S.

CLIENT: NORRIS PARTNERSHIP   **DESIGN FIRM:** COZZOLINO/ELLETT DESIGN D'VISION   **ART DIRECTOR:** MIMMO COZZOLINO   **DESIGNER:** PHILIP ELLETT   **ILLUSTRATOR:** PHILIP ELLETT

Gregory J. Houser, CFA
Executive Vice President
Chief Investment Officer

Capital Center

2300 SW First Avenue

Portland, OR 97201

(503) 241-1200 ext. 203

Fax (503) 241-0207

(800) 866-4464

1

2

3

EVENSON DESIGN GROUP

STAN EVENSON
president

4445 Overland Avenue Culver City California 90230
310.204.1995 tel 310.204.4879 fax

4

1 **CLIENT:** CAPITAL CONSULTANTS, INC.   **DESIGN FIRM:** BIELENBERG DESIGN   **ART DIRECTOR:** JOHN BIELENBERG   **DESIGNERS:** BRIAN BORAM, JOHN BIELENBERG

2 **CLIENT:** DAVID MORRIS DESIGN ASSOCIATES   **DESIGN FIRM:** DAVID MORRIS DESIGN ASSOCIATES   **ART DIRECTOR:** ALEX BONZIGLIA   **DESIGNERS:** TIMOTHY O'DONNELL, ALEX BONZIGLIA

3 **CLIENT:** STEVEN KOWALSKI   **DESIGN FIRM:** HAFEMAN DESIGN GROUP   **ART DIRECTOR:** WILLIAM HAFEMAN   **DESIGNER:** KRISTI RAGER

4 **CLIENT:** EVENSON DESIGN GROUP   **DESIGN FIRM:** EVENSON DESIGN GROUP   **ART DIRECTOR:** STAN EVENSON   **DESIGNER:** GLENN SAKAMOTO

1

2

1 **CLIENT:** XYZ PRODUCTIONS **DESIGN FIRM:** FRANK D'ASTOLFO DESIGN **ART DIRECTOR:** FRANK D'ASTOLFO **DESIGNER:** FRANK D'ASTOLFO
CLIENT: MUSEUM OF CONTEMPORARY ART, CHICAGO **DESIGN FIRM:** PENTAGRAM DESIGN **ART DIRECTORS:** SUSAN HOCHBAUM, WOODY PIRTLE **DESIGNERS:** SUSAN HOCHBAUM, JOHN KLOTNIA

DITI KATONA
partner

CONCRETE DESIGN COMMUNICATIONS INC.

2 Silver Avenue, Main Floor, Toronto, Ontario, Canada M6R 3A2
Telephone: 416-534-9960 Facsimile: 416-534-2184

1

NIKKI HAUGHT

PERSECHINI AND COMPANY

GRAPHIC DESIGN

1501 MAIN STREET   SUITE 202   VENICE CA 90291

PHONE 310 314·8622   FAX 310 314·8619

2

GTMS
ASHLEY HOUSE
181 WEST GEORGE STREET
GLASGOW G2 2LA
TELEPHONE 041-248 5453
FACSIMILE 041-248 5458

DAVID K LOGUE
ASSOCIATE DIRECTOR

3

LEONG Ka Tai
HKIPP

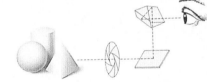

CAMERA 22 LTD

6/F A, Wyndham Mansion, 32 Wyndham St
Hong Kong. Telephone: 5-8106862
Telefax: 852-5-8401593 Cable: KCLEONG

4

1 **CLIENT:** CONCRETE DESIGN COMMUNICATIONS   **DESIGN FIRM:** CONCRETE DESIGN COMMUNICATIONS   **ART DIRECTORS:** DITI KATONA, JOHN PYLYPCZAK
DESIGNERS: DITI KATONA, JOHN PYLYPCZAK   **ILLUSTRATOR:** ROSS MACDONALD
2 **CLIENT:** PERSECHINI AND COMPANY   **DESIGN FIRM:** PERSECHINI AND COMPANY   **ART DIRECTOR:** PHYLLIS PERSECHINI   **DESIGNER:** NIKKI HAUGHT
3 **CLIENT:** GTMS/GTCM   **DESIGN FIRM:** LIZ JAMES DESIGN ASSOCIATES   **ART DIRECTOR:** LIZ JAMES   **DESIGNERS:** LOUISE JORDEN, LINDA FITZPATRICK
4 **CLIENT:** LEONG KA TAI - CAMERA 22 LTD.   **DESIGN FIRM:** KAN TAI-KEUNG DESIGN & ASSOCIATES LTD.   **ART DIRECTOR:** FREEMAN LAU SIU HONG   **DESIGNER:** FREEMAN LAU SIU HONG

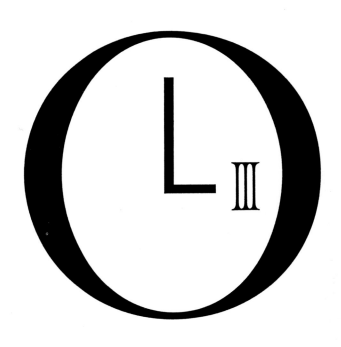

1   2

1 **CLIENT:** MORRIS & FELLOWS, ATLANTA/METROCENTER   **DESIGN FIRM:** SIBLEY/PETEET DESIGN   **ART DIRECTOR:** REX PETEET   **DESIGNER:** REX PETEET
2 **CLIENT:** LOUISE OWEN, III   **DESIGN FIRM:** SUPON DESIGN GROUP   **ART DIRECTOR:** SUPON PHORNIRUNLIT   **DESIGNER:** DAVE PRESCOTT

DESIGN

TERRY
LAURENZIO

2   4   6

F I F T H

A V E N U E

O T T A W A

O N T A R I O

C A N A D A

K 1 S   2 N 3

613-231 3000

FAX 238 2361

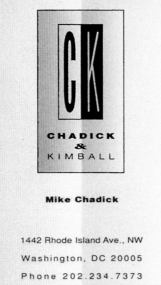

CHADICK
&
KIMBALL

Mike Chadick

1442 Rhode Island Ave., NW

Washington, DC 20005

Phone 202.234.7373

Fax 202.483.4357

Vaughan Fox

Design Draftsman

NeoTechnics Pty Ltd
25 Chapman Street
Blackburn North
Victoria Australia 3130
Facsimile 03) 890 5725
Telephone 03) 899 5555

Product design and development
consultants

1   2   3

1   **CLIENT:** 246 FIFTH DESIGN ASSOCIATES   **DESIGN FIRM:** 246 FIFTH DESIGN ASSOCIATES   **ART DIRECTOR:** TERRY LAURENZIO   **DESIGNER:** TERRY LAURENZIO
2   **CLIENT:** CHADICK & KIMBALL   **DESIGN FIRM:** CHADICK & KIMBALL   **ART DIRECTORS:** MIKE CHADICK, JO KIMBALL   **DESIGNER:** JINI CHOI
CLIENT: NEO TECHNICS PTY. LTD.   **DESIGN FIRM:** EMERY VINCENT ASSOCIATES   **ART DIRECTOR:** EMERY VINCENT ASSOCIATES   **DESIGNER:** EMERY VINCENT ASSOCIATES

BRAD ADAMS

31-180 MARKSAM ROAD

GUELPH, ONTARIO N1H 8G5

(519) 824-4971

31-180 MARKSAM ROAD, GUELPH, ONTARIO N1H 8G5

31-180 MARKSAM ROAD, GUELPH, ONTARIO N1H 8G5 (519) 824-4971

CLIENT: GRANDEUR PROMOTIONS   **DESIGN FIRM:** VAN TOCH DESIGNS   **ART DIRECTOR:** NANCY BOYLE   **DESIGNER:** ANDY IP

CLIENT: LA 4ÈME DIMENSION   DESIGN FIRM: I COMME IMAGE   ART DIRECTOR: JEAN-JACQUES TACHDJIAN   DESIGNER: JEAN-JACQUES TACHDJIAN

AVENUE EDIT

625 N MICHIGAN AVE

CHICAGO IL 60611

1•312•943•7100

170 Laurier Ave. W

Suite 803

Ottawa,ON K1P 5V5

Tel:(613)233-7099

Fax:(613)232-5285

RHONDA FRANCIS
COMMUNICATIONS

JEWELLERY VASARA
3-14-17, Minami-Aoyama
Minato-ku, Tokyo 107, Japan
Tel. 03-402-7791
Fax.03-402-7740

1

2

3

1 **CLIENT:** AVENUE EDIT   **DESIGN FIRM:** FUSION DESIGN ASSOC.   **ART DIRECTOR:** FRED KNAPP   **DESIGNERS:** FRED KNAPP, ED SCHWEITZER

2 **CLIENT:** RHONDA FRANCIS   **DESIGN FIRM:** 246 FIFTH DESIGN ASSOCIATES   **ART DIRECTOR:** TERRY LAURENZIO   **DESIGNER:** LISA LAFOND

3 **CLIENT:** JEWELLERY VASARA   **DESIGN FIRM:** DOUGLAS DOOLITTLE DESIGN OFFICE   **ART DIRECTOR:** DOUGLAS DOOLITTLE   **DESIGNER:** DOUGLAS DOOLITTLE

NICK MENDOZA

CAFE TOMA
371 11TH STREET
SAN FRANCISCO, CALIFO
ORNIA 94103
PHONE 252.5320
FAX 252.5322

CAFE TOMA
371 11TH STREET
SAN FRANCISCO, CALIFORNIA 94103

CAFE TOMA
371 11TH STREET
SAN FRANCISCO, CALIF
ORNIA 94103
PHONE 252.5320
FAX 252.5322

CLIENT: CAFE TOMA   **DESIGN FIRM:** BRUCE YELASKA DESIGN   **ART DIRECTOR:** BRUCE YELASKA   **DESIGNER:** BRUCE YELASKA

1

2

3

4

1 **CLIENT:** CAFE TOMA   **DESIGN FIRM:** BRUCE YELASKA DESIGN   **ART DIRECTOR:** BRUCE YELASKA   **DESIGNER:** BRUCE YELASKA
2 **CLIENT:** LITTLE & COMPANY   **DESIGN FIRM:** LITTLE AND COMPANY   **ART DIRECTOR:** MONICA LITTLE   **DESIGNER:** KAREN GEIGER
3 **CLIENT:** VOX POP RECORDS   **DESIGN FIRM:** POLYGRAM RECORDS   **ART DIRECTOR:** MARGERY GREENSPAN   **DESIGNER:** GIULIO TURTURRO   **CREATIVE DIRECTOR:** MICHAEL BAYS
4 **CLIENT:** GRAND HYATT MELBOURNE   **DESIGN FIRM:** FHA DESIGN   **ART DIRECTOR:** RICHARD HENDERSON   **DESIGNER:** RICHARD HENDERSON

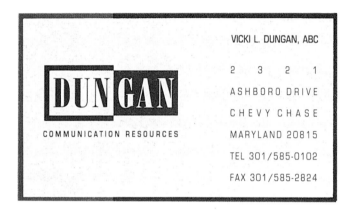

VICKI L. DUNGAN, ABC

2 3 2 1
ASHBORO DRIVE
CHEVY CHASE
MARYLAND 20815
TEL 301/585-0102
FAX 301/585-2824

1

RICK RANKIN
Founding Artistic Director

THE THIRD FLOOR • 1100 EAST PIKE • SEATTLE, WA 98122
TICKETS: 322-5423 • ADMIN. 322-5723

2

Paul G. Lardner   SERVICES

Accounting Specialists on PC & MAC Based Systems
52 Beechmont Cr. Gloucester, ON K1B 4A8
Phone-Fax (613) 834-9355

I
N
C

3

HAFEMAN DESIGN GROUP

935 West Chestnut, Suite 203

Chicago, Illinois 60622

Telephone   312 829.6829

Facsimile   312 829.6697

William Hafeman

4

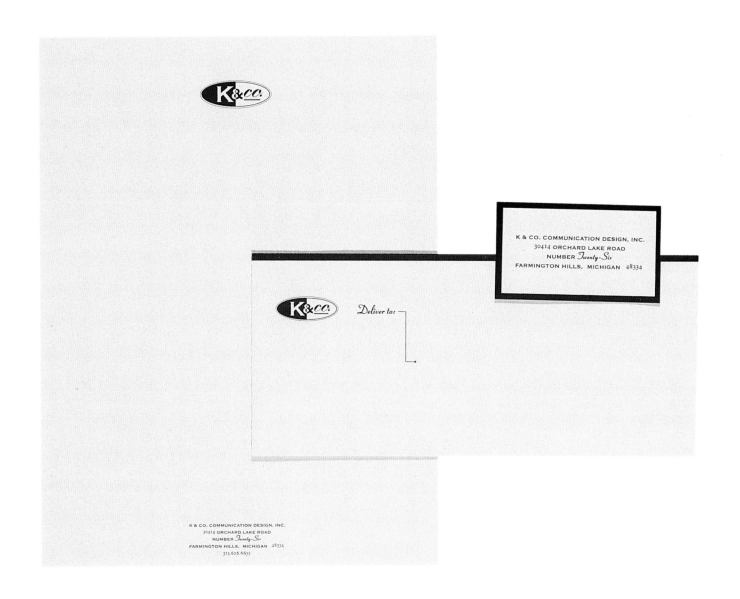

CLIENT: K & CO.   **DESIGN FIRM:** K & CO.   **ART DIRECTOR:** KARIN M. LOTARSKI   **DESIGNER:** KARIN M. LOTARSKI

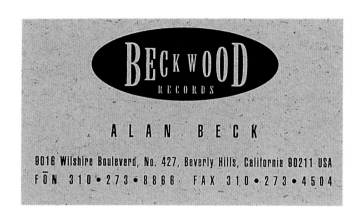

ALAN BECK

9016 Wilshire Boulevard, No. 427, Beverly Hills, California 90211 USA

FŌN 310•273•8866   FAX 310•273•4504

1

Sharon Freedman-Taylor

Writer – Consultant

259 St. Germain Avenue

Toronto, Ontario M5M 1W4

(416) 488-7123

Fax 488-6513

2

Karen Kelleher

Kelleher & Tait Design Group
Marketing Communications

121 West 27th Street, 1003a
New York, NY 10001
212 727-8045
Fax 727-8130

3

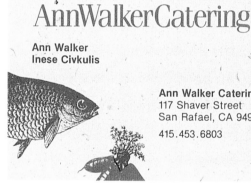

AnnWalkerCatering

Ann Walker
Inese Civkulis

Ann Walker Catering
117 Shaver Street
San Rafael, CA 94901

415.453.6803

4

1   **CLIENT:** BECKWOOD RECORDS   **DESIGN FIRM:** STUDIO WITHOUT WALLS   **ART DIRECTOR:** R & R/STUDIO WITHOUT WALLS   **DESIGNER:** FLY
2   **CLIENT:** SHARON FREEDMAN-TAYLOR   **DESIGN FIRM:** VAN TOCH DESIGNS   **ART DIRECTOR:** COLLEEN ZOUHAR   **DESIGNER:** ANDY IP
3   **CLIENT:** KELLEHER & TAIT DESIGN GROUP   **DESIGN FIRM:** KELLEHER & TAIT DESIGN GROUP   **ART DIRECTORS:** KAREN KELLEHER, DOUGLAS TAIT   **DESIGNER:** DOUGLAS TAIT
4   **CLIENT:** ANN WALKER CATERING   **DESIGN FIRM:** NAPOLES DESIGN GROUP   **ART DIRECTOR:** VERONICA NAPOLES   **DESIGNER:** VERONICA NAPOLES

David J. Martino
Art Director

THE GRIST MILL — 75 WEST STREET P.O. BOX 157
SIMSBURY CT 06070
TEL 651-0971 ~ FAX 651-4708

THE GRIST MILL — 75 WEST STREET P.O. BOX 157 — SIMSBURY CT 06070

THE GRIST MILL — 75 WEST STREET P.O. BOX 157 — SIMSBURY CT 06070 — TEL 651-0971 ~ FAX 651-4708

CLIENT: MCKINLAY & PARTNERS ADVERTISING   DESIGN FIRM: MCKINLAY & PARTNERS ADVERTISING   ART DIRECTOR: DAVID MARTINO
CREATIVE DIRECTOR: LEE ALLEN HILL   ILLUSTRATOR: MICHAEL DORET

CLIENT: M'OTTO RED DOT   **DESIGN FIRM:** MODERN DOG   **ART DIRECTOR:** MARK DELLPLAIN   **DESIGNER:** CHRISTOPHER BALDWIN

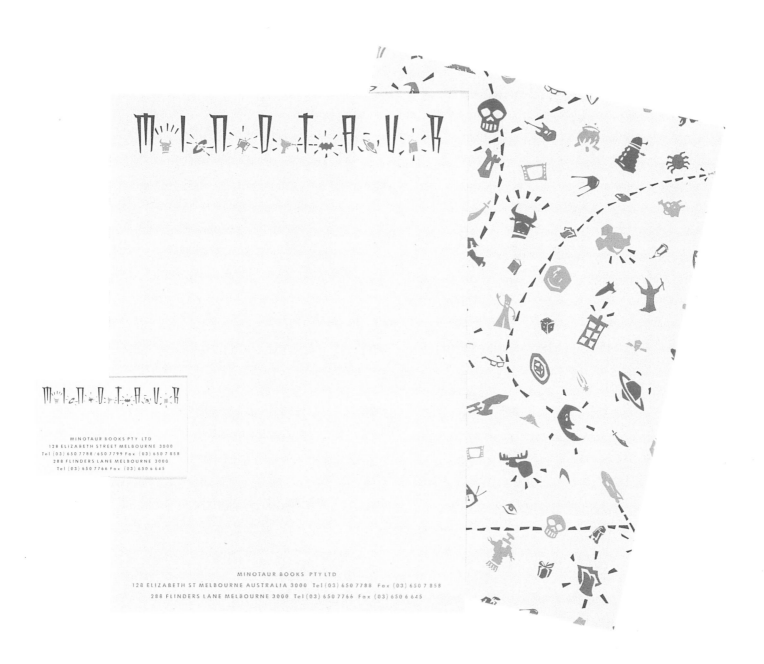

CLIENT: MINOTAUR BOOKS   **DESIGN FIRM:** COZZOLINO/ELLETT DESIGN D'VISION   **ART DIRECTOR:** MIMMO COZZOLINO   **DESIGNER:** DARREN LEDWICH   **ILLUSTRATOR:** DARREN LEDWICH

LINDSAY, STONE & BRIGGS Advertising, Inc.
100 State Street, Madison, WI 53703

CHERYL PARZYCH
PRODUCTION ASSISTANT
100 STATE STREET, MADISON, WI 53703
PHONE (608) 251 7070 FAX (608) 251 8989

LINDSAY, STONE & BRIGGS ADVERTISING, INCORPORATED, 100 STATE STREET, MADISON, WI 53703
PHONE (608) 251 7070 FAX (608) 251 8989, MEMBER AMERICAN ASSOCIATION OF ADVERTISING AGENCIES

STONE & BRIGGS ADVERTISING, INC.   **DESIGN FIRM:** PLANET DESIGN CO.   **ART DIRECTORS:** KEVIN WADE, DANA LYTLE   **DESIGNERS:** KEVIN WADE, DANA LYTLE, TOM JENKINS

1

2

3

4

1 **CLIENT:** GTE/BUSINESS INCENTIVES   **DESIGN FIRM:** GRANDPRÉ AND WHALEY, LTD.   **ART DIRECTOR:** PAT WRIGHT   **DESIGNER:** KEVIN WHALEY
2 **CLIENT:** RAFN CONSTRUCTION   **DESIGN FIRM:** HORNALL ANDERSON DESIGN WORKS   **ART DIRECTOR:** JACK ANDERSON   **DESIGNERS:** JACK ANDERSON, JANI DREWFS, DAVID BATES, BRIAN O'NEILL
3 **CLIENT:** SLIGO SEVENTH-DAY ADVENTIST CHURCH   **DESIGN FIRM:** DEVER DESIGNS   **ART DIRECTOR:** JEFFREY L. DEVER   **DESIGNER:** HOLLY COPUS-HAGEN
4 **CLIENT:** 20/20 4-SIGHT   **DESIGN FIRM:** POLYGRAM RECORDS   **ART DIRECTOR:** MICHAEL BAYS   **DESIGNER:** GIULIO TURTURRO

1

2

3

4

1 **CLIENT:** MINOTAUR BOOKS   **DESIGN FIRM:** COZZOLINO/ELLETT DESIGN D'VISION   **ART DIRECTOR:** MIMMO COZZOLINO   **DESIGNER:** DARREN LEDWICH   **ILLUSTRATOR:** DARREN LEDWICH

2 **CLIENT:** DOWNTOWN TYPOGRAPHY   **DESIGN FIRM:** STAN EVENSON DESIGN   **ART DIRECTOR:** STAN EVENSON   **DESIGNER:** STAN EVENSON

3 **CLIENT:** TAIPAN CLUB ASIA LTD.   **DESIGN FIRM:** ALAN CHAN DESIGN CO.   **ART DIRECTOR:** ALAN CHAN   **DESIGNERS:** ALAN CHAN, ALVIN CHAN, PHILLIP LEUNG

4 **CLIENT:** THE ESSENTIALS   **DESIGN FIRM:** STUDIO A   **ART DIRECTOR:** ANTONIO ALCALÁ   **DESIGNER:** ANTONIO ALCALÁ

CLIENT: JCnB DESIGN   **DESIGN FIRM:** JCnB DESIGN   **ART DIRECTOR:** JANE NASS BARNIDGE   **DESIGNER:** JANE NASS BARNIDGE

97

1006 MARQUETTE AVE • MINNEAPOLIS MINNESOTA 55403 • PH: 612-339-1033 • FAX: 339-0669

CLIENT: THE BIG EVENT   **DESIGN FIRM:** LITTLE & COMPANY   **ART DIRECTOR:** STUART FLAKE   **DESIGNER:** STUART FLAKE

CLIENT: NIKKO RESTAURANT **DESIGN FIRM:** THE TRAVER COMPANY **ART DIRECTORS:** ANNE TRAVER, ALLEN WOODARD **DESIGNERS:** ALLEN WOODARD, NICHOLAS STERLINGTON

When experimenting with the atypical, the trick is to use disparate qualities with the proper amount of restraint. You want to impress the audience, not confuse them.

These logos have accomplished this using elements best described as "abstract." Page through them, and you'll immediately notice how each uses variations of perception to create a mood, explain a service, or invite the viewer's examination. Angles and curves are prominent and mixed together. Figures are produced that are unrecognizable in everyday reality, but easily understood in the corporate world of fast talk and straightforward expression.

They cover a lot of ground with just a few marks on the page.

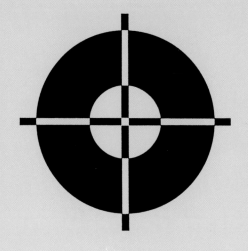

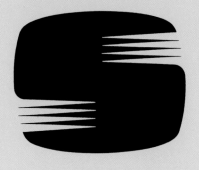

1

2

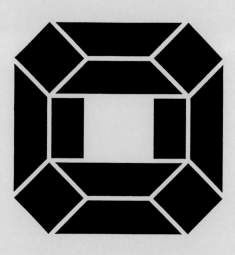

3

4

1 **CLIENT:** UNIVAR CORPORATION **DESIGN FIRM:** HORNALL ANDERSON DESIGN WORKS **ART DIRECTOR:** JACK ANDERSON **DESIGNERS:** JACK ANDERSON, LUANN BICE
2 **CLIENT:** SCHERER & SUTHERLAND PRODUCTIONS **DESIGN FIRM:** BRUCE E. MORGAN GRAPHIC DESIGN **ART DIRECTOR:** BRUCE E. MORGAN **DESIGNER:** BRUCE E. MORGAN
3 **CLIENT:** RESORT AT SQUAW CREEK **DESIGN FIRM:** BRIGHT & ASSOCIATES **ART DIRECTOR:** KEITH BRIGHT **DESIGNER:** RAYMOND WOOD
4 **CLIENT:** OLMEDO DE MÉXICO **DESIGN FIRM:** FÉLIX BELTRÁN & ASOCIADOS **ART DIRECTOR:** FÉLIX BELTRÁN **DESIGNER:** FÉLIX BELTRÁN

CLIENT: ADVERTISING PROFESSIONALS OF DES MOINES   **DESIGN FIRM:** SAYLES GRAPHIC DESIGN   **ART DIRECTOR:** JOHN SAYLES   **DESIGNER:** JOHN SAYLES

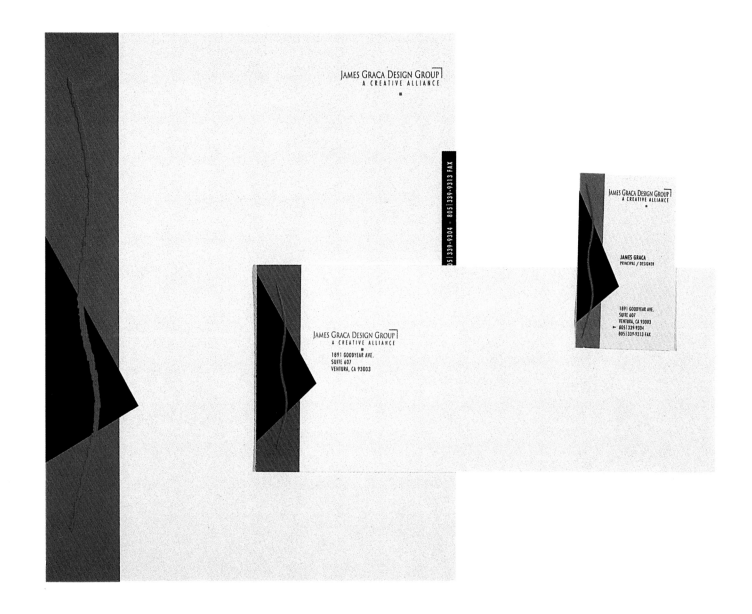

CLIENT: JAMES GRACA DESIGN GROUP   **DESIGN FIRM:** JAMES GRACA DESIGN GROUP   **ART DIRECTOR:** JAMES GRACA   **DESIGNER:** JAMES GRACA

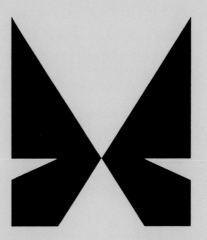

1

2

3

4

1 **CLIENT:** PRIORITY HEALTH   **DESIGN FIRM:** RBMM   **ART DIRECTORS:** HORACIO COBOS, KENNY GARRISON   **DESIGNER:** HORACIO COBOS

2 **CLIENT:** MARIPOSA GALLERY, INC.   **DESIGN FIRM:** PICTOGRAM STUDIO   **ART DIRECTOR:** STEPHANIE HOOTON   **DESIGNER:** HIEN NGUYEN

3 **CLIENT:** CENTRAL PROPERTIES   **DESIGN FIRM:** KAN TAI-KEUNG DESIGN & ASSOCIATES LTD.   **ART DIRECTOR:** KAN TAI-KEUNG   **DESIGNER:** KAN TAI-KEUNG

4 **CLIENT:** INTERNATIONAL MARKET SQUARE   **DESIGN FIRM:** RUBIN CORDARO DESIGN   **ART DIRECTOR:** JIM CORDARO   **DESIGNER:** JOHN HAINES

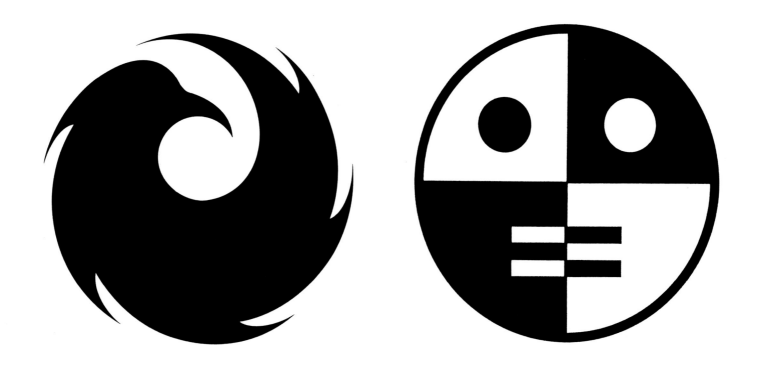

1

2

1 **CLIENT:** TRANSTAR **DESIGN FIRM:** GENSLER AND ASSOCIATES/GRAPHICS **ART DIRECTOR:** JOHN BRICKER **DESIGNER:** MARY TESLUK
2 **CLIENT:** MANHATTAN RECORDS **DESIGN FIRM:** VIGON SEIREENI **ART DIRECTOR:** PAULA SHEAR **DESIGNER:** JAY VIGON

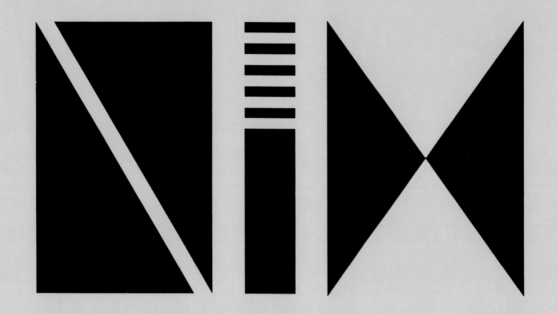

CLIENT: NIX INC.   **DESIGN FIRM:** KIJURO YAHAGI CO., LTD.   **ART DIRECTOR:** KIJURO YAHAGI   **DESIGNER:** KIJURO YAHAGI

Design Vancouver   Tel: 604 873 7212

721–601 W Broadway
Vancouver, BC V5Z 4C2
Fax: 604 873 7419

1

QC Graphics, Inc.
P.O.Box 1188
4255 Kellway Circle
Addison, TX 75001
214-733-4646
Fax 214-733-0401

QC GRAPHICS

Barry W. Vaughn
president

10801 Hammerly Blvd.
Suite 120
Houston, TX 77043
713-461-5562
Fax 713-461-0092

PCB CAD & Laser Photoplotting Services · CAE/CAD/CAM Software Sales

2

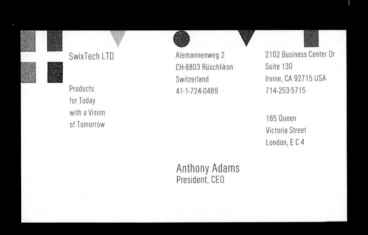

SwixTech LTD

Products
for Today
with a Vision
of Tomorrow

Alemannenweg 2
CH-8803 Rüschlikon
Switzerland
41-1-724-0489

2102 Business Center Dr
Suite 130
Irvine, CA 92715 USA
714-253-5715

165 Queen
Victoria Street
London, E C 4

Anthony Adams
President, CEO

3

CROSSROADS RECORDS INC.
6903 BROOKS ROAD
HIGHLAND, MD 20777
PHONE 301·854·0829

Brett Wilson
President

4

1 **CLIENT:** DESIGN VANCOUVER **DESIGN FIRM:** SIGNALS DESIGN GROUP INC. **ART DIRECTOR:** GUS TSETSEKAS **DESIGNERS:** GUS TSETSEKAS, ANNA BARTON, VIOLET FINVERS

2 **CLIENT:** QC GRAPHICS **DESIGN FIRM:** VAUGHN/WEDEEN CREATIVE **ART DIRECTOR:** RICK VAUGHN **DESIGNER:** RICK VAUGHN

3 **CLIENT:** SWIXTECH **DESIGN FIRM:** JANN CHURCH PARTNERS ADVERTISING & GRAPHIC DESIGN **ART DIRECTORS:** JANN CHURCH, SHELLY BECK

4 **CLIENT:** CROSSROADS RECORDS **DESIGN FIRM:** DEVER DESIGNS **ART DIRECTOR:** JEFFREY L. DEVER **DESIGNERS:** DOUGLAS DUNBEBIN, JEFFREY L. DEVER

1

2

CLIENT: PSP/POLYGRAM SPECIAL PRODUCTS   **DESIGN FIRM:** POLYGRAM RECORDS   **ART DIRECTOR:** CHRIS THOMPSON   **DESIGNER:** GIULIO TURTURRO   **CREATIVE DIRECTOR:** MICHAEL BAYS

2   **CLIENT:** MARVELOUS BOOKS, INC.   **DESIGN FIRM:** PAT TAYLOR, INC.   **ART DIRECTOR:** PAT TAYLOR   **DESIGNER:** PAT TAYLOR

CLIENT: CHARGO PRINTING, INC. **DESIGN FIRM:** GRANDPRÉ AND WHALEY, LTD. **ART DIRECTOR:** KEVIN WHALEY **DESIGNER:** KEVIN WHALEY

1

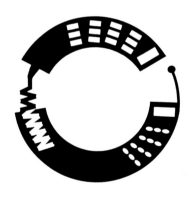

3

2

4

1 **CLIENT:** CHARGO PRINTING, INC.   **DESIGN FIRM:** GRANDPRÉ AND WHALEY, LTD.   **ART DIRECTOR:** KEVIN WHALEY   **DESIGNER:** KEVIN WHALEY

2 **CLIENT:** BARRETT TECHNOLOGY, INC.   **DESIGN FIRM:** BARRETT DESIGN   **ART DIRECTOR:** KAREN DENDY   **DESIGNER:** NADINE FLOWERS

3 **CLIENT:** DENVER INTERNATIONAL AIRPORT   **DESIGN FIRM:** ROBERT W. TAYLOR DESIGN, INC.   **ART DIRECTOR:** ROBERT W. TAYLOR   **DESIGNERS:** CLYDE MASON, KATHLEEN STIER

4 **CLIENT:** ZOECON   **DESIGN FIRM:** KLUG, INC. ADVERTISING AND DESIGN   **ART DIRECTOR:** DOUGLAS ROGERS   **DESIGNER:** DOUGLAS ROGERS

CLIENT: SIX SIGMA   **DESIGN FIRM:** HORNALL ANDERSON DESIGN WORKS   **ART DIRECTOR:** JACK ANDERSON   **DESIGNERS:** JACK ANDERSON, HEIDI HATLESTAD, DENISE WEIR

CLIENT: JUN MORISHITA DESIGN   **DESIGN FIRM:** JUN MORISHITA DESIGN   **ART DIRECTOR:** JUN MORISHITA   **DESIGNER:** JUN MORISHITA

1   2

CLIENT: MYU PLANNING CO. LTD.   **DESIGN FIRM:** DOUGLAS DESIGN OFFICE   **ART DIRECTOR:** DOUGLAS DOOLITTLE   **DESIGNER:** DOUGLAS DOOLITTLE
2   **CLIENT:** INTERSECTION FOR THE ARTS   **DESIGN FIRM:** AXO   **ART DIRECTOR:** BRIAN COLLENTINE   **DESIGNER:** BRIAN COLLENTINE

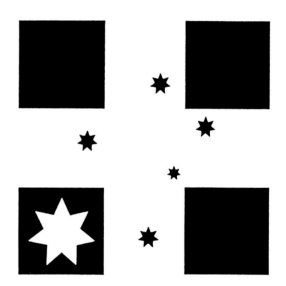

1   2

1 **CLIENT:** SPACE/TIME RESEARCH PTY. LTD.   **DESIGN FIRM:** EMERY VINCENT ASSOCIATES   **ART DIRECTOR:** EMERY VINCENT ASSOCIATES   **DESIGNER:** EMERY VINCENT ASSOCIATES
2 **CLIENT:** SWISS AUSTRALIAN CHAMBER OF COMMERCE AND INDUSTRY   **DESIGN FIRM:** ONE AHEAD GRAPHIC DESIGN STUDIO, PTY. LTD.   **ART DIRECTOR:** RAPHAEL KLAESS

KAN TAI-KEUNG
Design & Associates Ltd

28/F WASHINGTON PLAZA
230 WANCHAI RD HONG KONG
TEL 574 8399 FAX 852 572 0199

KAN TAI-KEUNG
Design & Associates Ltd

28/F WASHINGTON PLAZA
230 WANCHAI RD HONG KONG
香港灣仔道230號華盛頓中心28樓

香港灣仔道230號華盛頓中心28樓
電話 574 8399 電訊傳真 852 572 0199　靳埭強設計有限公司

KAN TAI-KEUNG
Design & Associates Ltd

28/F WASHINGTON PLAZA
230 WANCHAI RD HONG KONG
TEL 574 8399 FAX 852 572 0199

香港灣仔道230號華盛頓中心28樓
電話 574 8399 電訊傳真 852 572 0199　靳埭強設計有限公司

靳埭強設計有限公司

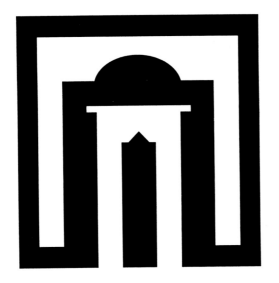

1   2

1 **CLIENT:** MINNESOTA DEPARTMENT OF TRADE AND ECONOMIC DEVELOPMENT   **DESIGN FIRM:** RUBIN CORDARO DESIGN   **ART DIRECTOR:** BRUCE RUBIN   **DESIGNER:** JIM CORDARO

2 **CLIENT:** MYRRH RECORDS   **DESIGN FIRM:** STAN EVENSON DESIGN   **ART DIRECTOR:** STAN EVENSON   **DESIGNER:** GLENN SAKAMOTO

MEDIAS

Medias International d.o.o.
Trgovanje in trženje z
medicinskim materialom
Dunajska 160, p.p.1
61113 Ljubljana, Slovenija
tel.: 061/378 915, 378 815
fax: 061/378 916

Vaš znak:

Naš znak:

Ljubljana:

MEDIAS

Medias International d.o.o.
Trgovanje in trženje z
medicinskim materialom
Dunajska 160, p.p.1
61113 Ljubljana, Slovenija

OMEGA INTERNATIONAL TRAVEL, INC.

WORLDWIDE TRAVEL SERVICES

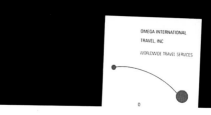

OMEGA INTERNATIONAL
TRAVEL, INC

WORLDWIDE TRAVEL SERVICES

0

99 SUMMER STREET
MEZZANINE LEVEL
BOSTON, MA 02110

617 737 8511
1 800 727 0599
FAX 617 737 8512

OMEGA INTERNATIONAL TRAVEL, INC

WORLDWIDE TRAVEL SERVICES

0

99 SUMMER STREET

MEZZANINE LEVEL

BOSTON, MA 02110

99 SUMMER STREET

MEZZANINE LEVEL

BOSTON, MA 02110

CLIENT: OMEGA INTERNATIONAL   DESIGN FIRM: GENEVA DESIGN   ART DIRECTOR: MARC SAWYER   DESIGNER: MARC SAWYER

TREVOR   CRUMP   +   ASSOCIATES

DESIGN CONSULTANTS

TREVOR CRUMP
    + ASSOCIATES PTY LTD
SUITE 7 SECOND FLOOR
    30 — 36 BAY STREET
    DOUBLE BAY
    NSW 2028 AUSTRALIA
TELEPHONE 02/32 9249
    FACSIMILE 02/327 8380
INCORPORATED IN NSW

TREVOR CRUMP + ASSOCIATES

DESIGN CONSULTANTS

TREVOR J. CRUMP
A D I A

SUITE 7 SECOND FLOOR
30 — 36 BAY STREET
DOUBLE BAY
NSW 2028 AUSTRALIA
TELEPHONE 02/32 9249
FACSIMILE 02/327 8380

TREVOR CRUMP + ASSOCIATES

DESIGN CONSULTANTS

SUITE 7 SECOND FLOOR
30 — 36 BAY STREET
DOUBLE BAY
NSW 2028 AUSTRALIA

CLIENT: TREVOR CRUMP & ASSOCIATES   **DESIGN FIRM:** ANNETTE HARCUS DESIGN   **ART DIRECTOR:** ANNETTE HARCUS   **DESIGNER:** STEPHANIE MARTIN

The possibilities that exist with the simple placement of heavy and narrow black lines. . .

We've collected a myriad of impressions here from designers who know how to harness optical illusion and create a symbolic language all their own. Here's a style that loves geometry, hard corners and tricks with distortion. Lines can be folded and crossed to make letters, thickened to create dimension, and joined to depict continuity.

Have a few minutes? Linear design creates pieces one can constructively ponder over the leisurely space of several cups of coffee.

CLIENT: GOVERNMENT OF CANADA   **DESIGN FIRM:** WAWA DESIGN   **ART DIRECTOR:** CHRISTIAN LABARTHE   **DESIGNER:** CHRISTIAN LABARTHE

1   **CLIENT:** PACIFIC DIMENSIONS   **DESIGN FIRM:** MARILYN FRANDSEN DESIGN   **ART DIRECTOR:** MARILYN FRANDSEN   **DESIGNER:** BARRY ANDERSON

2   **CLIENT:** CORPORATE SECURITIES & INVESTIGATIONS   **DESIGN FIRM:** VAUGHN/WEDEEN CREATIVE   **ART DIRECTOR:** STEVE WEDEEN   **DESIGNER:** STEVE WEDEEN

3   **CLIENT:** DEAN WITTER REALTY/REAL ESTATE INVESTMENT GROUP   **DESIGN FIRM:** DEMARTINO DESIGN INC.   **ART DIRECTOR:** ERICK DEMARTINO   **DESIGNER:** ERICK DEMARTINO

4   **CLIENT:** ANAGRAM DESIGN GROUP INC.   **DESIGN FIRM:** ANAGRAM DESIGN GROUP INC.   **ART DIRECTOR:** CARMINE VECCHIO   **DESIGNER:** CARMINE VECCHIO

1

2

1 **CLIENT:** THE TOY ZONE **DESIGN FIRM:** RUSTY KAY & ASSOCIATES **ART DIRECTOR:** RUSTY KAY **DESIGNER:** SUSAN ROGERS

2 **CLIENT:** AMERICAN GAS ASSOCIATION/NATIONAL CHILD WATCH CAMPAIGN **DESIGN FIRM:** PICTOGRAM STUDIO **ART DIRECTOR:** HIEN NGUYEN **DESIGNER:** HIEN NGUYEN

SING CHEONG

SING CHEONG

Benny Chan
Customer Service Manager

○
651 King's Road, Hong Kong
Telephone: 852 561 8801
Facsimile: 852 565 9467

Sing Cheong Printing Company Limited

SING CHEONG

Sing Cheong Printing Company Limited

○
651 King's Road, Hong Kong
Telephone: 852 561 8801
Facsimile: 852 565 9467

Sing Cheong Printing Company Limited

○
651 King's Road, Hong Kong
Telephone: 852 561 8801
Facsimile: 852 565 9467

CLIENT: SING CHEONG PRINTING CO. LTD   **DESIGN FIRM:** PPA DESIGN   **ART DIRECTOR:** BYRON JACOBS   **DESIGNER:** BYRON JACOBS

1

2

1 **CLIENT:** MIDLAND CAPITAL **DESIGN FIRM:** GOTTSCHALK + ASH INTERNATIONAL **ART DIRECTOR:** STUART ASH **DESIGNERS:** LING KO, SCOTT HIGHT
2 **CLIENT:** SØNDERBORG GARN **DESIGN FIRM:** SIEGEL & GALE A/S **ART DIRECTOR:** POUL K. ANDERSEN **DESIGNER:** FINN SIMONSEN

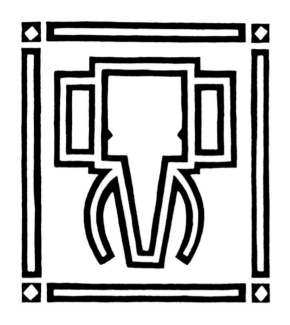

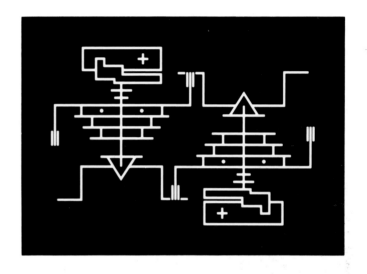

1

2

1 **CLIENT:** THE PALACE AT THE LOST CITY/SUN INTERNATIONAL   **DESIGN FIRM:** DAVID CARTER GRAPHIC DESIGN   **ART DIRECTOR:** RANDALL HILL
2   **CLIENT:** RICHARD REENS   **DESIGN FIRM:** RBMM   **ART DIRECTOR:** LUIS D. ACEVEDO   **DESIGNER:** LUIS D. ACEVEDO

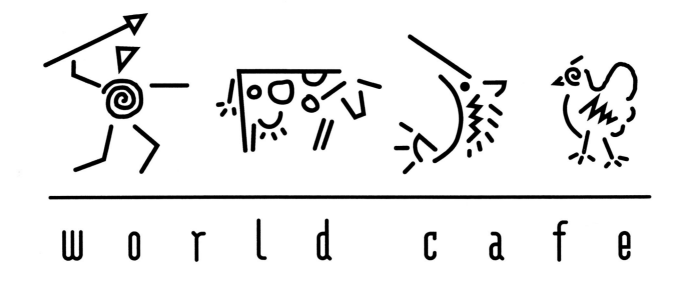

CLIENT: WORLD CAFE **DESIGN FIRM:** RUSTY KAY & ASSOCIATES **ART DIRECTOR:** RUSTY KAY **DESIGNER:** SUSAN ROGERS

David J. Kaufman
President

DESKTALK

DeskTalk Systems Inc.
19401 S. Vermont Ave., Suite A202
Torrance, CA 90502
213·323·5998   Fax: 213·323·6197

ARIAD

S. ROBERT FATORA, PH.D.
VICE PRESIDENT, CORPORATE
DEVELOPMENT AND PLANNING

ARIAD PHARMACEUTICALS, INC.
26 LANDSDOWNE STREET
CAMBRIDGE, MA 02139-4234
TELEPHONE 617 494 0400
FACSIMILE 617 494 8144

1

2

SPACE·TIME RESEARCH

SAMANTHA HARVEY
MANAGER
DATA SERVICE AND
CUSTOMER SUPPORT

SPACE-TIME RESEARCH PTY LTD
668 BURWOOD ROAD HAWTHORN EAST
VICTORIA 3123 AUSTRALIA
TELEPHONE 03) 813 3211
FACSIMILE 03) 882 4029

KATHY LU

SAN FRANCISCO 2000
130 KEARNY STREET 33RD FLOOR
SAN FRANCISCO CALIFORNIA 94108
TEL 415 394 2645
FAX 415 362 8609

3

4

1 **CLIENT:** DESKTALK SYSTEMS INC.   **DESIGN FIRM:** LOUEY/RUBINO DESIGN GROUP   **ART DIRECTOR:** REGINA RUBINO   **DESIGNER:** ROBERT LOUEY

2 **CLIENT:** ARIAD   **DESIGN FIRM:** PENTAGRAM DESIGN   **ART DIRECTOR:** WOODY PIRTLE   **DESIGNER:** SUSAN HOCHBAUM

CLIENT: SPACE/TIME RESEARCH PTY. LTD.   **DESIGN FIRM:** EMERY VINCENT ASSOCIATES   **ART DIRECTOR:** EMERY VINCENT ASSOCIATES   **DESIGNER:** EMERY VINCENT ASSOCIATES

4 **CLIENT:** SAN FRANCISCO 2000   **DESIGN FIRM:** PENTAGRAM DESIGN, INC.   **ART DIRECTOR:** KIT HINRICHS   **DESIGNER:** JACKIE FOSHAUG

1   **CLIENT:** BIBLIOTECA BENJAMIN FRANKLIN, MEXICO   **DESIGN FIRM:** FÉLIX BELTRÁN & ASOCIADOS   **ART DIRECTOR:** FÉLIX BELTRÁN   **DESIGNER:** FÉLIX BELTRÁN

2   **CLIENT:** TELEGLOBE (CANADA, INT'L.)   **DESIGN FIRM:** LANDOR ASSOCIATES, NY   **ART DIRECTOR:** DON KLINE   **DESIGNERS:** DENNIS FAVELLO, DON KLINE

3   **CLIENT:** JC PENNEY   **DESIGN FIRM:** SIBLEY/PETEET DESIGN   **ART DIRECTOR:** JOHN EVANS   **DESIGNER:** JOHN EVANS

4   **CLIENT:** SAIL AMERICA FOUNDATION   **DESIGN FIRM:** BRIGHT & ASSOCIATES   **ART DIRECTOR:** KEITH BRIGHT   **DESIGNER:** RAYMOND WOOD

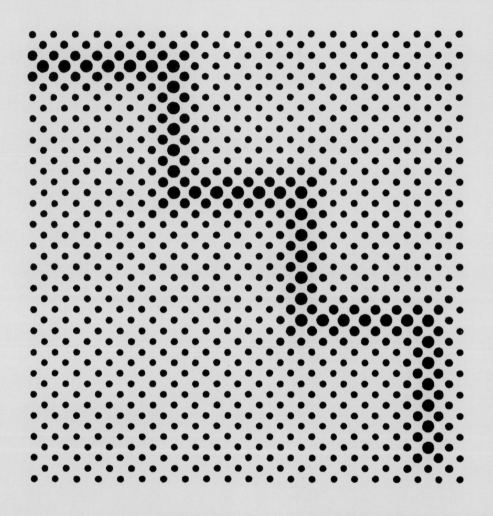

CLIENT: WLODZIMIERZ MATACHOWSKI   **DESIGN FIRM:** WLODZIMIERZ MATACHOWSKI   **ART DIRECTOR:** WLODZIMIERZ MATACHOWSKI   **DESIGNER:** WLODZIMIERZ MATACHOWSKI

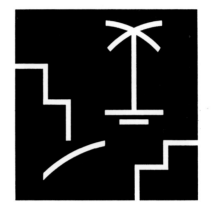

1

2

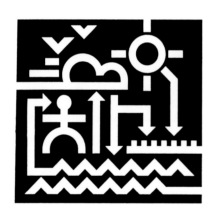

CEREUS

3

4

1 **CLIENT:** SPIRIT CRUISES **DESIGN FIRM:** SIBLEY/PETEET DESIGN **ART DIRECTORS:** DON SIBLEY, REX PETEET **DESIGNER:** JOHN EVANS

2 **CLIENT:** RESORT MANAGEMENT AND DESIGN **DESIGN FIRM:** BARRIE TUCKER DESIGN **ART DIRECTOR:** BARRIE TUCKER **DESIGNER:** BARRIE TUCKER

3 **CLIENT:** CITY OF SANTA MONICA **DESIGN FIRM:** PUCCINELLI DESIGN **ART DIRECTOR:** KEITH PUCCINELLI **DESIGNER:** KEITH PUCCINELLI

4 **CLIENT:** CEREUS, INC. **DESIGN FIRM:** KUO DESIGN/T.A.L.K. INC. **ART DIRECTOR:** SAMUEL KUO **DESIGNER:** SAMUEL KUO

1 **CLIENT:** GUTHRIE'S AT THE EARTH EXCHANGE   **DESIGN FIRM:** ANNETTE HARCUS DESIGN   **ART DIRECTOR:** ANNETTE HARCUS   **DESIGNERS:** KRISTIN THIEME, ANNETTE HARCUS
ILLUSTRATORS: KRISTIN THIEME, ANNETTE HARCUS, MELINDA DUDLEY
2 **CLIENT:** BUREAU OF VOCATIONAL SERVICE   **DESIGN FIRM:** CHARLES ZUNDA DESIGN CONSULTANTS INC.   **ART DIRECTOR:** CHARLES ZUNDA   **DESIGNER:** CHARLES ZUNDA

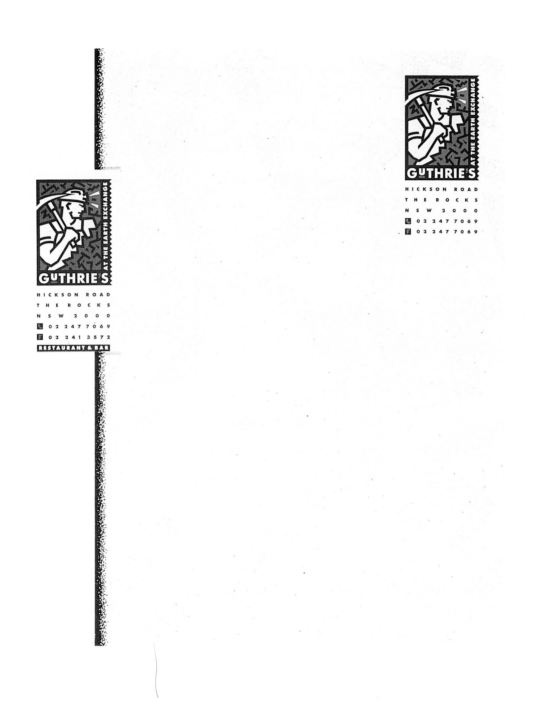

CLIENT: GUTHRIE'S AT THE EARTH EXCHANGE   **DESIGN FIRM:** ANNETTE HARCUS DESIGN   **ART DIRECTOR:** ANNETTE HARCUS   **DESIGNERS:** KRISTIN THIEME, ANNETTE HARCUS
ILLUSTRATORS: KRISTIN THIEME, ANNETTE HARCUS, MELINDA DUDLEY

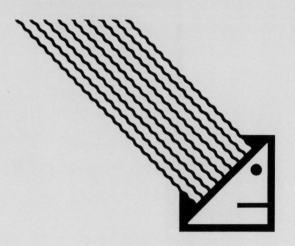

SKULD

1 **CLIENT:** HOCKEY CLUB DIAVOLI **DESIGN FIRM:** ESSEBLU **ART DIRECTOR:** SUSANNA VALLEBONA **DESIGNER:** SUSANNA VALLEBONA

2 **CLIENT:** PROFILES HAIR SALON **DESIGN FIRM:** SAYLES GRAPHIC DESIGN **ART DIRECTOR:** JOHN SAYLES **DESIGNER:** JOHN SAYLES

3 **CLIENT:** RUSTY KAY & ASSOCIATES **DESIGN FIRM:** RUSTY KAY & ASSOCIATES **ART DIRECTOR:** RUSTY KAY **DESIGNER:** SUSAN ROGERS

4 **CLIENT:** SKULD **DESIGN FIRM:** STUDIO SEIREENI **ART DIRECTOR:** RICHARD SEIREENI **DESIGNER:** JIM PEZZULLO **CREATIVE DIRECTOR:** SY CHEN

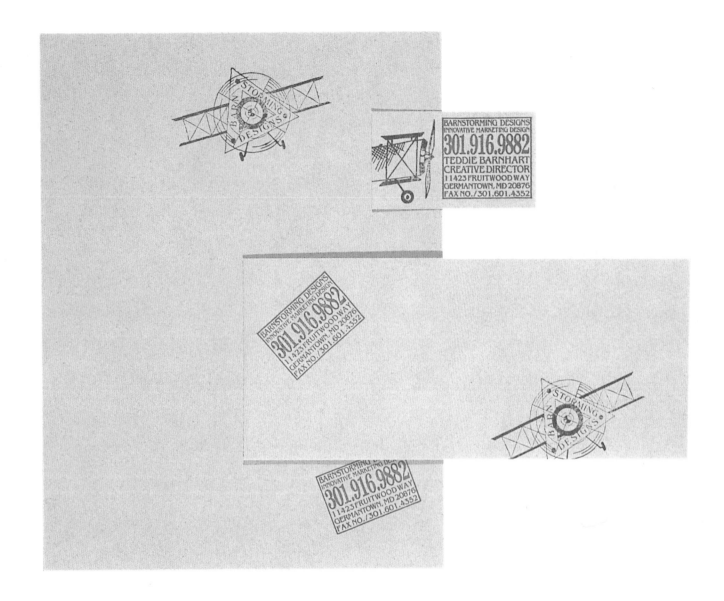

CLIENT: BARNSTORMING DESIGNS   **DESIGN FIRM:** BARNSTORMING DESIGNS   **ART DIRECTOR:** TEDDIE BARNHART   **DESIGNER:** TEDDIE BARNHART

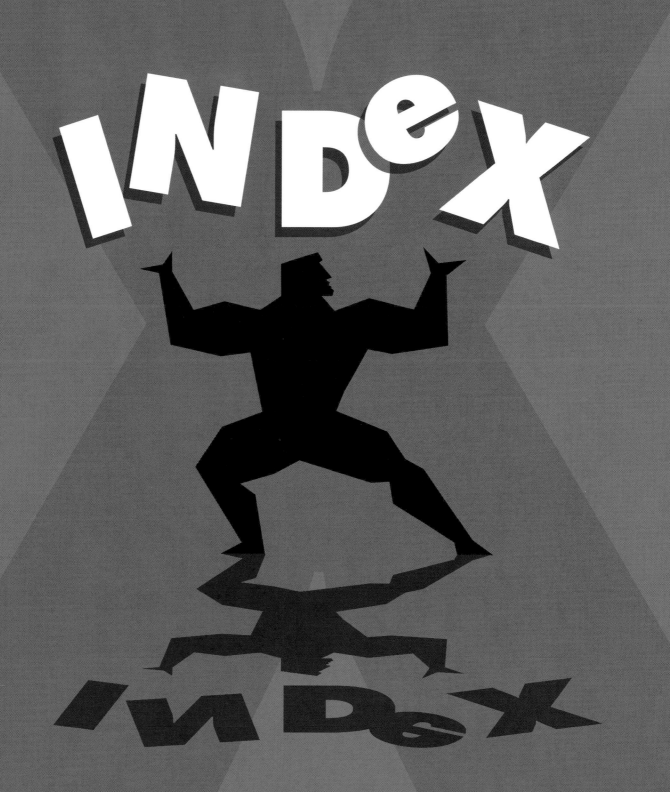

I N D E X   B Y   C L I E N T

INDEX BY DESIGN FIRM

INDEX BY ART DIRECTOR AND DESIGNER

INDEX BY ART DIRECTOR AND DESIGNER

We are looking for high-quality, original work to feature in several upcoming publications on graphic design. Our topics are diverse, so most any type of project could be appropriate. If you would like your work considered, please send it to us. Stats, transparencies, or actual printed samples are acceptable. Just complete a Submission Form, attach it to the back of the piece, and send to the address below. We will notify you if we select your work for publication.

Submission Form

Firm Name

Contact Name

Address

Telephone

Fax

Project Name

Art Director

Designer

Client

Other

Please note that your submission of work is understood to be a full granting of all publication rights to the publisher. All decisions regarding project selection are final. Entries cannot be returned.

Send to:

**Supon Design Group,
International Book Division
1000 Connecticut Ave., NW, Suite 415
Washington, DC 20036 USA**